COLLECTION
FOLIO THÉÂTRE

Marivaux

Les Sincères

Les Acteurs de bonne foi

Édition présentée, établie et annotée par Henri Coulet
Professeur émérite à l'Université de Provence

Gallimard

Édition dérivée de la Bibliothèque de la Pléiade.

© *Éditions Gallimard, 1994 et 2008.*

PRÉFACE

En mai et juin 1736, le bruit courut que Marivaux était candidat à l'Académie française; il n'y fut élu qu'en décembre 1742 et reçu le 4 février 1743. Il avait alors cinquante-cinq ans. Il laissait inachevés ses deux principaux romans, La Vie de Marianne *et* Le Paysan parvenu, *qu'il n'avait sans doute jamais eu le dessein de conclure*[1], *et avait fait jouer aux Italiens* Les Fausses Confidences *(mars 1737),* La Joie imprévue *(juillet 1738),* Les Sincères *(janvier 1739) et* L'Épreuve *(novembre 1740). Cette dernière comédie fut la seule qui ait eu un véritable succès. Vers 1740, le Théâtre-Italien était dans une situation difficile : l'Arlequin Thomassin était mort en 1739; Luigi Riccoboni, qui avait abandonné la direction de la troupe dès 1729, la reprit provisoirement à la mort de Thomassin, mais il n'avait jamais compris Marivaux; Boissy*[2], *ou même Saint-Foix et Delisle de la Drevetière, étaient pour les*

---

1. Les neuvième, dixième et onzième parties de *La Vie de Marianne* furent publiées seulement en Hollande, chez Néaulme, à la fin de 1740. Ce retard n'était pas dû à l'auteur, dont le manuscrit devait être prêt beaucoup plus tôt, mais à un décret de proscription des romans promulgué par le chancelier d'Aguesseau dans l'automne 1737.
2. Auteur prolifique, Boissy fournit des pièces au Théâtre-Français, au Théâtre-Italien et à l'Opéra-Comique (Théâtre de la Foire). Toutes les comédies qu'il fit jouer aux Italiens sont en vers.

Italiens des auteurs plus importants ; les parodies et les ballets occupaient la meilleure part des programmes ; Nivelle de la Chaussée et Destouches avaient mis à la mode le théâtre « sensible », mode à laquelle Marivaux ne céda jamais[1]. *En juin 1741, et de nouveau en septembre 1742, Gastelin, dans ses* Lettres sur les affaires du temps, *annonçait que Marivaux allait faire jouer aux Italiens une comédie intitulée* La Commère : *les propos de Gastelin sont incohérents, on peut seulement en conclure qu'il a recueilli une rumeur très confuse ; il existe bien une comédie intitulée* La Commère, *dont les personnages sont empruntés au roman du* Paysan parvenu ; *elle n'a jamais été jouée avant notre époque, et l'attribution à Marivaux est contestée*[2]. *De toute façon, après 1741, Marivaux n'écrivit plus rien pour le Théâtre-Italien.*

Dans la hiérarchie des théâtres, les Comédiens-Français avaient plus de prestige que les Comédiens-Italiens, mais Marivaux avait confié vingt pièces aux Italiens (nous mettons à part La Commère*), et huit seulement (dont sa tragédie d'*Annibal, *intitulée d'abord* La Mort d'Annibal) *aux Français. Des trois dernières,* Les Serments indiscrets, *en 1732, et* Le Petit-maître corrigé, *en 1734, avaient été sifflées, et* Le Legs, *en 1736, n'avait été représenté, sans grand succès, que dans une version considéra-*

---

1. Même dans *La Mère confidente* (1735), où plusieurs critiques de notre époque voient un drame sensible, à tort selon nous (voir la notice et les notes accompagnant cette comédie dans l'édition du *Théâtre complet* de Marivaux, due à Henri Coulet et Michel Gilot, Gallimard, Bibliothèque de la Pléiade, t. II, 1994, édition que nous désignerons dans le présent volume par les initiales *C.-G.*). Sur l'état du Théâtre-Italien entre 1732 et 1750, voir les chapitres III et IV du tome III de l'ouvrage capital de Xavier de Courvette, *Un apôtre de l'art du théâtre au XVIIIe siècle, Luigi Riccoboni dit Lélio*, Librairie théâtrale, t. III, 1958.
2. Pour plus de détails, voir la notice de *La Commère* au tome II du *Théâtre complet* de Marivaux, édition *C.-G.*

blement modifiée par les comédiens[1]. *Devenu académicien, le dramaturge devait naturellement proposer ses œuvres nouvelles au Théâtre-Français, il le fit en 1744 avec* La Dispute, *qui n'eut aucun succès, et en 1746 avec* Le Préjugé vaincu, *qui connut un succès durable, mais fut la dernière nouveauté de Marivaux jouée sur un théâtre public. Plusieurs de ses comédies déjà connues continuèrent à être jouées, souvent avec succès, mais celles qu'il écrivit après 1746 furent ou bien reçues par les Comédiens-Français, mais non jouées (*Félicie, *qu'on put lire dans le* Mercure de France, *et* L'Amante frivole, *dont le texte n'a pas été retrouvé, toutes deux de 1757), ou destinées à des théâtres privés (*Les Acteurs de bonne foi, *comme nous l'avons vu, et* La Femme fidèle, *jouée sur le théâtre du comte de Clermont à Berny en 1755), ou directement publiées dans des périodiques (*La Colonie, *publiée dans le* Mercure *en 1750, réécriture en un acte de* La Nouvelle Colonie *en trois actes qui, très mal reçue par le public, n'avait eu qu'une représentation en 1729, et* La Provinciale, *publiée elle aussi dans le* Mercure, *en 1761[2]).*

De 1720 à 1741, Marivaux écrivit vingt-neuf pièces de théâtre (si nous tenons compte de La Commère) *; de 1742 à sa mort (le 12 février 1763), on en dénombre seulement huit, dont deux sont d'authenticité problématique. Parallèlement il présenta à l'Académie ou publia dans le* Mercure *des* Réflexions *et des essais de morale, dont aucun n'est postérieur à 1755[3]. L'âge et la maladie expliquent en par-*

---

1. Voir la « Note sur le texte » du *Legs* dans l'édition *C.-G.* du *Théâtre complet*, t. II, p. 922-925. En 1739, une reprise de cette comédie fut très favorablement accueillie.
2. Sur *La Provinciale*, dont l'attribution à Marivaux est discutée, voir la notice au t. II du *Théâtre complet*, édition *C.-G.*
3. Sur ces œuvres, voir l'indispensable recueil des *Journaux et œuvres diverses* [de Marivaux], publié par Frédéric Deloffre et Michel Gilot, dans la collection des Classiques Garnier (première édition, 1969),

tie que l'œuvre de l'écrivain ait été beaucoup moins abondante : bien qu'il ait très activement pris part aux travaux de l'Académie, il fut à plusieurs reprises absent des séances. De plus sa pensée avait changé d'orientation : passionnément moraliste, dans tout son théâtre et dans ses romans comme dans les journaux qu'il avait publiés de 1721 à 1734, sa morale s'était approfondie en philosophie, philosophie de l'histoire, philosophie politique, philosophie de l'esprit. Cet approfondissement se remarque aussi dans son théâtre : l'attribution à Marivaux de La Commère *et de* La Provinciale *peut se justifier si l'on prête à l'auteur le désir de se renouveler (et même, pour* La Commère, *de se contredire), mais* Les Sincères *déjà et* L'Épreuve, *puis* La Dispute, Le Préjugé vaincu *et* Les Acteurs de bonne foi *sont d'une acuité de réflexion et d'une profondeur d'ambiguïté qui n'étaient encore qu'aperçues dans les pièces antérieures. Ces dernières comédies sont d'autant plus denses qu'elles sont plus courtes.*

LES SINCÈRES[1]

Il est fréquent, dans les comédies de Marivaux, qu'au dénouement, lorsque leurs maîtres sont enfin arrivés au mariage, le valet de l'un et la soubrette de l'autre se marient eux aussi[2]. *Dès la première scène des* Sincères, *Lisette et*

---

recueil que nous désignerons dans le présent volume par les initiales *J.O.D.*

1. On trouvera un résumé détaillé des deux pièces à la fin du présent volume.
2. Arlequin et Colombine dans *La* (première) *Surprise de l'amour*, Lubin et Lisette dans *La Seconde Surprise de l'amour*, Arlequin et Lisette dans *Le Jeu de l'amour et du hasard*, Frontin et Lisette dans *Les Serments indiscrets*, Frontin et Marton dans *Le Petit-maître corrigé*, Arlequin et Lisette dans *L'Heureux Stratagème*, Frontain et Lisette dans *La*

Frontin assurent n'avoir aucun penchant l'un pour l'autre et s'entendent pour empêcher le mariage d'Ergaste et de la Marquise, parce qu'eux-mêmes aiment ailleurs. Un domestique ne pouvait en effet se marier sans perdre sa place qu'avec quelqu'un servant dans la même maison ou y entrant par son mariage. C'est au contraire le mariage jusqu'alors prévisible d'Ergaste et d'Araminte qui conviendrait aux deux complices. Ceux-ci, plutôt que d'habiles intrigants comme le Dubois des Fausses Confidences, *sont des provocateurs qui enveniment le dissentiment inévitable entre deux êtres déraisonnables. La rupture d'Ergaste et de la Marquise est imminente dans la scène XII, et l'intervention de Lisette dans la scène XIII déclenche ce qui allait nécessairement se produire.*

Dans cette scène XIII, Lisette rapporte à la Marquise ce qui s'est dit dans la scène VII, où Lisette a joué son rôle, et dans la scène VIII, que Frontin lui a racontée (« Frontin dit que... » : les deux comparses ont eu le temps de se concerter pendant les scènes IX, X et XI où ils ne figuraient pas). Ces scènes VII et VIII ont donc un double effet : un effet direct, puisque les domestiques obligent Araminte et Dorante à prendre la défense, elle d'Ergaste, lui de la Marquise ; un effet indirect, puisque ce sont des scènes truquées par les domestiques et destinées à agir sur la Marquise par le récit qui lui en sera fait.

La comédie des Sincères *n'est pourtant pas celle, banalement moralisante, de deux égarés qui reviennent au bon sens quand on leur a fait prendre conscience de leur déraison. Marivaux, qui fut si mal compris de ses contemporains*[1],

---

Méprise, L'Épine et Lisette dans *Le Legs,* Lépine et Lisette dans *Le Préjugé vaincu.*

1. À notre époque, la critique et la scène ont mis Marivaux dramaturge, romancier et moraliste, à la place qu'il mérite, la première auprès des plus grands. Mais, comme bien d'autres écrivains, il est aussi

est le dramaturge qui fait entendre le sens le plus complexe dans les termes les plus simples et le dialogue le plus rapide. Ergaste et la Marquise ne sont évidemment pas des « caractères » tout d'une pièce comme le Joueur, le Distrait, le Méchant, le Glorieux ou le Dissipateur mis en scène par les successeurs de Molière[1]. *Ils sont non seulement plus complexes, mais plus étranges. Ils ont des qualités : selon leurs domestiques, la Marquise est « généreuse », elle aurait « le meilleur cœur du monde », Ergaste est « libéral » et « homme de cœur » ; leurs domestiques veulent leur bonheur, par intérêt sans doute, mais aussi par affection, et ils sont aimés, l'un par Araminte, l'autre par Dorante. Et pourtant, il est impossible de ne pas relever leur aveuglement et leur égoïsme, trop manifestes, trop appuyés, pour qu'on y voie seulement des erreurs passagères de l'esprit chez des humains au cœur excellent : leurs graves défauts viennent de plus loin.*

Ils sont très différents l'un de l'autre, leurs parts respectives dans le texte représentent bien cette différence : Ergaste, présent dans plus de scènes que la Marquise (quatorze contre onze), prend moins souvent la parole (cent onze fois — sans compter la lecture qu'il fait, scène XIX, d'un billet de la Marquise — contre cent vingt-trois) et surtout moins longuement. Sa sincérité est laconique. Dans la scène IV, il n'accompagne les portraits satiriques faits par la Marquise que de rires (ironiquement soulignés par l'auteur dans les

---

victime du formalisme, de la surinterprétation, du paradoxe et du mauvais goût. De plus, alors qu'une bonne représentation d'une œuvre de Corneille, de Molière, de Racine, de Beaumarchais, de Shakespeare ou de Claudel nous donne des raisons d'admirer encore plus et encore mieux, la meilleure représentation d'une comédie de Marivaux — et nous en avons vu d'excellentes — nous laisse encore l'impression d'être restés en deçà du texte. Louis Jouvet avait noté l'extrême difficulté de jouer Marivaux.

1. Regnard, Grasset, Destouches. Ces caractères sont désignés par le titre même des comédies.

indications scéniques) et de quelques brefs compléments; il se félicite qu'Araminte, dans la scène III, lui ait parlé « assez uniment », mais, à moins de s'emporter contre lui, cette femme discrète ne pouvait guère en face de lui recourir à l'éloquence. La Marquise, au contraire, a de la verve, les portraits qu'elle trace dans la scène IV sont spirituels, plus allègres que ceux que fait Célimène dans Le Misanthrope, *et ses remontrances à Dorante, dans la scène XI, ont à la fois du piquant et du mouvement : elle sait et elle aime s'exprimer, elle a été sensible au « pathétique » de Dorante. Le spectateur (ou le lecteur) peut de lui-même saisir les affinités entre la Marquise et Dorante, comme entre Ergaste et Araminte.*

En revanche, les compliments précautionneux qu'échangent les deux Sincères au début et à la fin de la scène IV sont hautement ridicules, et leur dialogue d'explication dans les scènes XII, XIII et XIV ne pouvait aboutir qu'au silence et à la rupture, après l'ironie mordante avec laquelle, surtout dans la scène XIV, la Marquise avait mené le dialogue. Et pourtant la Marquise ne doute pas encore de la « sincérité » d'Ergaste, en ce qui la concerne elle-même, le démenti de Lisette (scène XV) ne la convainc pas, elle se forge trop de raisons de ne pas s'y fier, et, dans la scène XVI, c'est l'opinion d'Ergaste, « homme vrai », qu'elle oppose aux « flatteries » de Dorante, « homme qu'[elle] voulai[t] estimer, dont [elle] voulai[t] être sûre » (elle ne s'avoue pas encore pourquoi). La chaleur avec laquelle Dorante proteste la trouble encore plus profondément que son « pathétique », dont elle était convenue à la fin de la scène XI : d'Ergaste et de Dorante, qui faut-il croire ? Elle est déconcertée, « je m'y perds », elle s'avoue « embarrassée », une pique de Dorante contre Araminte lui rend sa véhémence (et la soulage d'une jalousie inavouée), et l'habile Dorante la recon-

quiert définitivement en lui reprochant quelques défauts qu'elle est ravie d'entendre dénoncer.

L'humilité et l'« imbécillité » que se reconnaît Ergaste (scène XVIII — car il croit à la vérité de ce que la Marquise dit de lui autant que la Marquise croit à ce qu'il lui dit d'elle-même) contrastent avec la susceptibilité — paradoxale[1] — de la Marquise. Même après avoir rompu avec Ergaste et s'être réconciliée avec Dorante, la Marquise est encore blessante pour sa rivale dans la scène XVII, et c'est seulement quand les mariages sont conclus qu'elle est prête à se réjouir avec la « belle Araminte ».

La sincérité inconvenante des Sincères n'est pas le produit d'une rencontre passagère. Leur travers est reconnu, accepté par Dorante et Araminte qui aiment la Marquise et Ergaste tels qu'ils sont et leur disent leur vérité. La sincérité est de leur côté, autre que celle des Sincères, en qui ils voient des enfants à guider et à protéger. Dorante doit parler à la Marquise « comme aux enfants » (scène XVI), et Araminte déclare à Ergaste : « Un enfant sait mieux ce qu'il vaut, se connaît mieux que vous ne vous connaissez » (scène XVIII).

Mais ce ne sont pas des enfants : la Marquise, qui est veuve, se donne un peu plus de vingt-sept ans (scène IV) ; Ergaste a déjà aimé, même avant d'aimer Araminte à laquelle il préfère maintenant la Marquise, et les hommes se mariant alors à un âge plus avancé que les femmes, il doit avoir une trentaine d'années (pour la vraisemblance des mariages à venir, on peut supposer qu'Araminte a l'âge de la Marquise, ou à peu près, et Dorante celui d'Ergaste). Les enfants ne sont pas maîtres de leur rapport avec le monde qui les entoure ; Ergaste et la Marquise refusent ce rapport, chacun à sa façon, Ergaste par la dérobade, la Marquise

---

1. Ce sont les éloges et les compliments qui l'irritent.

par le mépris, et tous deux par faiblesse[1]. *Le monde leur fait-il peur ? là est peut-être la clef de cette comédie, car à la différence des enfants, ils connaissent le monde (beaucoup mieux qu'eux-mêmes), l'image qu'en donne la Marquise dans la scène IV n'est pas seulement satirique, elle est authentique — mais elle n'est pas charitable. La charité n'est pas possible sans une lucide et confiante connaissance de soi. Après tout, le monde n'est pas uniformément haïssable : ces ridicules gens du monde ont la loyauté de reconnaître la beauté de la Marquise (si l'on en croit Lisette, scène XV) ; Dorante, passionnément épris, exprime sa passion dans le langage du monde cultivé, Araminte, comme le Philinte de Molière, appartient pleinement au monde (Ergaste redoute sa « politesse », scène III). Après le dénouement, Ergaste sera tout aussi timide et la Marquise tout aussi portée à la satire, mais ils auront conquis la joie — une joie que la Marquise, pareille à elle-même, n'exprimera pas sans quelque malice.*

Le rapprochement que plusieurs critiques ont fait entre Le Misanthrope *de Molière et* Les Sincères *de Marivaux est fondé, Marivaux ne pouvant pas n'avoir pas eu en mémoire la comédie de Molière, et les différences entre les deux pièces étant significatives. Alceste est un misanthrope inguérissable. Rousseau indigné a pensé que Molière ridiculisait la vertu ; Musset au contraire que Molière, par la voix d'Alceste, avait voulu faire entendre « l'âpre vérité*[2] *». Alceste n'est ni odieux ni complètement ridicule, mais le porte-parole de Molière est bien plutôt Philinte ; si libre d'es-*

---

1. « Les personnes faibles ne peuvent être sincères », La Rochefoucauld, maxime 316.
2. Jean-Jacques Rousseau, *Lettre à d'Alembert, Œuvres complètes*, Gallimard, Bibliothèque de la Pléiade, t. V, p. 33, sqq. (mais Rousseau admet que Molière a mis dans la bouche d'Alceste « un grand nombre de ses propres maximes ») ; Alfred de Musset, *Une soirée perdue* (poème daté du 1er août 1840 et recueilli dans les *Poésies nouvelles*).

prit que fût Molière, pour lui comme pour beaucoup de ses contemporains l'incivilité équivalait à ce que nous appelons l'incivisme[1]. *Esprit tout aussi libre, et plus moraliste que penseur politique*[2], *Marivaux, qui rêvait parfois d'une indépendance insouciante (celle de l'Indigent philosophe), savait aussi que la formation et la connaissance de soi ne sont pas possibles sans la rencontre et la reconnaissance d'autres « moi » originaux et que le civilisé peut voir dans la vie sauvage un avertissement, une critique, mais non un idéal.*

Pour être juste envers la sincère Marquise et le sincère Ergaste, et ne pas voir dans les mariages qui concluent la comédie un dénouement conventionnel, il faut rappeler que le jugement de Marivaux lui-même (et donc d'Araminte et de Dorante) sur le monde est au moins aussi sévère que celui des Sincères. Au début du « Monde vrai », récit en plusieurs épisodes figurant dans Le Cabinet du philosophe, *le Voyageur, ayant lu les livres que lui a prêtés son guide, pense être « réconcili[é] avec les hommes » : « Leur commerce n'est pas si dangereux que je l'ai cru […]; il me semble qu'on peut en effet vivre avec eux sans en être la dupe, et qu'il n'est pas si difficile de démêler ce qu'ils sont à travers ce qu'ils paraissent. » Conclusion trop rapide et trop facile : le monde est bien pire que ne le croit le Voyageur, l'« attention » et l'« expérience » ne suffisent pas pour « vivre avec [les hommes] sans en être la dupe ». Au cours de son voyage assez long, il ne rencontrera que mensonge, fraude, hypocrisie, malhonnêteté, et le récit est sans conclusion : « Cette idée une fois donnée, tout le monde peut l'étendre, et*

---

1. « Incivisme » serait un mot impropre, puisque la France de l'Ancien Régime n'était pas peuplée de citoyens, mais de sujets.
2. Voir notre article sur « Le pouvoir politique dans les comédies de Marivaux » (*L'Information littéraire*, 35ᵉ année, nᵒ 5, novembre-décembre 1983).

en imaginer toutes les suites[1]. » *Les domestiques voient dans la sincérité de la Marquise une vanité agressive et dans celle d'Ergaste une vanité que nous dirions masochiste, vanité qui offusque les qualités de l'une et de l'autre : mais pas plus que l'attention et l'expérience du Voyageur, l'attachement — non désintéressé — des domestiques n'atteint à une vraie compréhension d'autrui. «Dans ce monde, il faut être un peu trop bon pour l'être assez», disait le père de Silvia dans* Le Jeu de l'amour et du hasard[2]. *Cette bonté compréhensive s'appelle selon le cas communion, charité, amour, elle fonde le mariage de Dorante et de la Marquise, d'Ergaste et d'Araminte, elle doit pour Marivaux être le lien de la communauté humaine, dont aucun membre n'est parfait*[3]. *Ne voir dans la Marquise et dans Ergaste que des maniaques ridicules ou des fantoches serait commettre une grave erreur sur la philosophie morale de Marivaux.*

LES ACTEURS DE BONNE FOI

Il est naturel qu'un dramaturge qui a réfléchi sur l'essence du théâtre écrive une pièce dont le sujet soit le théâtre lui-même. Les exemples les plus illustres de «théâtre sur le théâtre[4]*» sont* L'Illusion comique *de Pierre Corneille*

---

1. « Le Voyageur dans le Nouveau Monde » (intitulé dans les livraisons suivantes « Suite du Monde vrai ») figure dans les feuilles sixième, septième, huitième, neuvième, dixième et onzième du *Cabinet du Philosophe*, publié en 1734. Le jugement sévère de Marivaux sur la société est lisible dans *Le Prince travesti*, *L'Île des Esclaves*, *L'Île de la raison*, *L'Héritier de village*, *Le Triomphe de Plutus*, et dans l'histoire de Tervire, qui occupe les dernières parties de *La Vie de Marianne*.
2. Acte I, scène 2.
3. « Il est vrai que nous naissons tous méchants », écrit L'Inconnu, dans la vingt et unième feuille du *Spectateur français* (*J.O.D.*, p. 234).
4. Voir l'étude de Georges Forestier, *Le Théâtre dans le théâtre sur la scène française du XVIIe siècle*, Genève, Droz, 1981. Marivaux s'est sans doute

(1636) et le Saint-Genest *de Rotrou (1646). Mais Marivaux n'aime pas suivre des chemins déjà frayés, il préfère transformer ce qui a été fait avant lui et en modifier le sens.*

Une action représentée ou un sentiment simulé peuvent devenir la réalité même, pour l'acteur pris par son jeu ou pour le spectateur[1]. *Lisette et Blaise connaissent aussi bien que Colette le canevas imaginé par Merlin et sur lequel ils doivent improviser leur rôle, mais ils confondent fiction et vérité et sont indignés par les propos qu'échangent Merlin et Colette :* « *Ils font semblant de faire semblant* », *dira Blaise. Cette révolte est conforme au rôle qu'avait imaginé pour eux Merlin, ils sont donc des* « *acteurs de bonne foi* ». *Lorsque Madame Argante, qui refuse qu'on joue la comédie chez elle, apprend qu'à cause de ce refus Madame Hamelin renonce au mariage de son neveu Éraste avec Angélique, elle exige aussitôt la comédie, elle prétend même y tenir un rôle : elle le tient sans le savoir, elle a été mystifiée, actrice de bonne foi à son tour. Cette comédie continue à l'arrivée du notaire, Éraste et Angélique y sont impliqués, elle ne prend fin qu'à la lecture du contrat ; Éraste peut épouser Angélique, les couples d'amoureux subalternes sont reconstitués, l'entente est générale.*

Ce résumé ignore les obscurités de la pièce : Les Acteurs de bonne foi *ne sont pas une comédie souriante à la*

---

inspiré pour écrire *Les Acteurs de bonne foi*, comme il l'avait fait déjà pour *La Joie imprévue* (1738), d'une excellente comédie de Pannard, *La Répétition interrompue*, jouée au Théâtre de la Foire en août 1733. Je remercie Nathalie Rizzoni des précisions qu'elle a bien voulu m'apporter sur les rapports de Marivaux et de Pannard.

1. Voir dans *Histoire de Tom Jones, enfant trouvé*, de Fielding (1749), au chapitre 5 du livre XVI, les réactions de Partridge à une représentation d'*Hamlet* et dans *Racine et Shakespeare* de Stendhal (1824-1825), au chapitre premier de la première partie, l'anecdote du factionnaire qui, au théâtre de Baltimore, voyant qu'Othello allait tuer Desdémone, tira un coup de fusil et cassa le bras à l'acteur.

façon de Carmontelle[1], mais un texte énigmatique et inquiétant. D'abord, le projet de Merlin paraît absurde : il veut « éprouver » (le mot est dans sa dernière réplique de la scène I) si Lisette et Blaise ne seront pas « un peu alarmés et jaloux » des « tendresses naïves » que lui-même et Colette prétendront échanger. Le canevas n'était sans doute pas explicite sur ces tendresses, et d'ailleurs on ne réagit pas de la même façon à la lecture d'un canevas et à la tenue d'un rôle révoltant. Merlin imaginait-il que Blaise pourrait de propos délibéré reproduire lors de la représentation le mouvement de colère que lui avait arraché la répétition ? L'impromptu de Merlin était injouable : mais Merlin a compris que ses acteurs ne pourraient pas le jouer, et qu'ils le joueraient d'autant mieux qu'ils refuseraient de le jouer. Les trois scènes de la répétition (III, IV, V) sont comiques parce qu'elles font voir une troupe d'acteurs incapables de se concerter pour offrir un spectacle cohérent, et la scène XII l'est encore plus parce que Madame Argante, Blaise, Lisette se livrent à leur colère sans savoir qu'on se moque d'eux. Comme Blaise et Lisette, Madame Argante joue « d'après nature » (c'est ce qu'Araminte avait prévu, dans la scène VIII). Marivaux a inversé, ou plutôt complètement dénaturé le principe du théâtre dans le théâtre, selon lequel la fiction devenait vérité (ou était prise pour la vérité) : dans Les Acteurs de bonne foi, *la fiction n'arrive pas à prendre forme et la vérité se donne en spectacle.* Les Acteurs de bonne foi *sont, bien plutôt qu'une comédie de théâtre dans le théâtre, une comédie de l'épreuve*, comme le sont le plus grand nombre des comédies de Marivaux. Mais l'épreuve est dangereuse pour celui même qui la tente ; le faux chevalier de La Fausse Suivante est démasqué dès le

---

[1]. Carmontelle est l'auteur de *Proverbes dramatiques* (1768), *Amusements de société* (1769), *Théâtre de campagne* (1775), textes rapides où le dialogue est vif et naturel.

début par Frontin et Trivelin ; Silvia et Dorante qui sous de fausses identités ont voulu réciproquement se mettre à l'épreuve dans Le Jeu de l'amour et du hasard *sont tout près de la rupture avant le dénouement (acte III, scène 8) ; dans la comédie qui est par excellence intitulée* L'Épreuve, *Lucidor se torture lui-même en torturant Angélique et c'est seulement quand Angélique éclate en sanglots que Lucidor lui avoue son propre amour (scène XXI, l'avant-dernière de la comédie). Au dénouement des* Acteurs de bonne foi, *Merlin se félicite du succès de l'épreuve, lui-même et Colette sont bien sûrs d'être aimés par Lisette et par Blaise : «Nous nous régalions nous-mêmes dans ma parade pour jouir de toutes vos tendresses.» Ces tendresses ne se sont manifestées pourtant que par de la colère : Merlin ironise, il sait bien que le jeu était un peu trop vif, et que Colette était allée trop loin en assurant qu'elle n'aimait pas Blaise (scène IV ; Blaise confirme qu'elle le lui avait dit en effet, quand il n'était pas question de jouer la comédie) et qu'elle préférait Merlin (scène XII). Colette, Merlin lui-même ont été éprouvés, moins violemment, et certes moins innocemment que Lisette et Blaise. On peut espérer que ces secousses vont rendre plus solides l'union de Lisette et de Merlin et celle de Blaise et de Colette. L'épreuve, selon Marivaux, est destinée à dissiper des gênes ou à briser des interdits, elle se dénoue dans la joie, sauf parfois pour ceux qui, sans en avoir été les destinataires, en ont subi l'effet indirect, comme la touchante Marton et la revêche Madame Argante dans* Les Fausses Confidences. *Mais au dénouement des* Acteurs de bonne foi *l'ironie de Merlin et la rancune de Lisette, si consciemment plaisantes qu'elles soient, ne sont pas signes d'une pure allégresse. Les mobiles de Madame Hamelin ne sont pas clairs : ignorait-elle que Madame Argante détestait la comédie, veut-elle lui faire payer la différence de fortune qui sépare sa fille Angélique du prétendant Éraste, si riche-*

ment doté ? Ou bien est-ce par pure cruauté qu'elle ridiculise la future belle-mère de son neveu ? Araminte, veuve très riche, encore jeune, mais trop âgée pour épouser le très jeune Éraste, vers lequel la porte une certaine «inclination» (scène VIII), saisit-elle l'occasion de faire sentir qu'elle était pour lui un parti, inacceptable sans doute, mais infiniment plus avantageux que la modeste Angélique ? Le jeu de la mystification lui permet un des mots les plus cruels pour Éraste : «On m'a promis votre cœur, et je prétends qu'on me le tienne, je crois que d'en donner deux cent mille écus, c'est le payer tout ce qu'il vaut, et qu'il y en a peu de ce prix-là » (scène IX). C'est dénoncer la cupidité qui anime peut-être Madame Argante et qui va inspirer sa rage à jouer la comédie en dépit de ses principes. Le mariage d'Éraste et d'Angélique, sans être aussi disproportionné que celui de Lucidor et d'Angélique dans L'Épreuve[1], *est contraire au rapport normal des fortunes entre les époux dans les mariages de la bonne société. Madame Hamelin et Araminte ont toutes deux une revanche à prendre. L'innocente Angélique peut bien dire au dénouement : «Il n'y a plus qu'à rire», il est probable qu'elle n'a rien compris aux mobiles profonds des uns et des autres, et c'est encore une fois Araminte qui est la plus crûment lucide, quand elle dit à Madame Argante : «Vous ne m'aimerez jamais tant que vous m'avez haïe. »*

Qu'il faille parfois passer par la haine pour atteindre la certitude d'une entente inaltérable, le personnage d'Angélique dans L'Épreuve *en avait fait l'expérience. Mais Angélique et Lucidor, dans cette comédie antérieure de plusieurs années, étaient les principaux personnages, tout*

---

1. Madame Argante possède une maison de campagne où elle peut recevoir des amis, un fermier, un jardinier; elle a certainement un logis à Paris (appartement ou hôtel particulier). Sa fille a une suivante, comme les dames de la bonne société.

dans l'action reposait sur leur caractère, au lieu que l'Éraste et l'Angélique des Acteurs de bonne foi *sont en marge de l'action. Angélique (qui ne prononce en tout que cinq répliques dans la comédie) est prête à se résigner à son malheur : «Laissons-les, ma mère, voilà tout ce qu'il nous reste» (scène X). Éraste, plus énergique et incapable de trahir son amour, est d'abord stupéfait (fin de la scène IX), puis désemparé («je ne sais plus où j'en suis»), il accepte en dernier recours qu'on joue cette comédie dont il se faisait une joie à la scène I et qui lui paraît maintenant une futilité sans rapport avec ce qui le menace (scène X), enfin il assure qu'il préférerait mourir plutôt que de signer un contrat déshonorant : exaltation juvénile qui fait sourire, parce que son mariage avec Angélique n'est nullement menacé (au contraire, dans* L'Épreuve, *le mariage, auquel tout s'opposait, était réellement improbable). Éraste sort triomphant de l'épreuve, mais elle ne le concernait pas : Merlin a joué avec le feu, Colette s'est laissé emporter à des tendresses qui ne s'adressaient pas à Blaise, Lisette pardonne avec réticence, Madame Argante s'est ridiculisée, Madame Hamelin et Araminte se sont moquées des autres, mais qu'y ont-elles gagné ? La comédie n'est pas amère, ce n'est pas une «pièce noire», ce n'est pas non plus une «pièce rose*[1]*». La date de sa rédaction étant mal connue, elle n'est peut-être pas la dernière comédie écrite par Marivaux, mais elle exprime sa dernière réflexion sur les pouvoirs et les dangers de l'épreuve. Certaines épreuves démasquent l'imposture, la malhonnêteté; d'autres sont douloureuses, désespérantes, mais celui qui les subit s'en relève plus fort, plus maître de lui et de son destin*[2]. *Ce que disent de neuf*

---

1. Les expressions «pièces roses» et «pièces noires» sont de Jean Anouilh.
2. C'est aussi le cas dans le roman : «Et voyez que de différentes mortifications il avait fallu sentir, peser, essayer sur mon âme pour en

Les Acteurs de bonne foi, *c'est qu'il ne faut pas jouer avec les épreuves. Le jeu est futile, il est périlleux, il est même méchant, et surtout il n'est que désordre : la comédie, en apparence mal construite (l'impromptu où figure Madame Argante double, en en accentuant l'absurdité, celui où figuraient les seuls domestiques, et tous deux aboutissent à des refus et à la colère), est très habilement échafaudée pour représenter la progression de ce désordre qui serait tragique s'il n'était pas bouffon. Avec de bons acteurs, naturels et non outranciers, la pièce peut être extrêmement comique.*

HENRI COULET

---

comparer les douleurs, et savoir à laquelle je donnerais la préférence ! » dit Marianne (*La Vie de Marianne*, seconde partie, Gallimard, Folio classique, p. 134). Le terme « essayer » est le plus expressif.

NOTE SUR CETTE ÉDITION

Comme pour l'édition de ces deux comédies dans le tome II du *Théâtre complet* de Marivaux publié par Michel Gilot et nous-même chez Gallimard, dans la Bibliothèque de la Pléiade, en 1994, notre texte de base est celui des éditions originales :

Les Sincères, comédie, chez Prault père, à Paris, M.DCC.XXXIX, avec approbation de La Serre du 28 janvier 1739 (privilège identique à celui des *Fausses Confidences* et de *La Joie imprévue,* qui était daté du 20 décembre 1737).

Les Acteurs de bonne foi, comédie, parue dans *Le Conservateur,* novembre 1757 (p. 3-60).

Nous avons pourtant écarté certaines corrections apportées au texte original par l'édition de la Pléiade ou par d'autres éditeurs et avons rétabli autant que possible la version primitive. La graphie est modernisée ; la syntaxe originale est respectée ; la ponctuation l'est aussi, sauf risque d'obscurité ou de confusion.

Outre les éditions originales, nous avons consulté et le cas échéant cité dans notre annotation les éditions suivantes :

POUR *LES SINCÈRES*

Œuvres de théâtre de M. de Marivaux, Chez Duchesne, 1758, t. V, p. 207-276.
Œuvres complètes de M. de Marivaux, veuve Duchesne, t. III, 1781.

Œuvres complètes de M. de Marivaux, nouvelle édition [...] par M. Duviquet, Paris, Haut-cœur et Gayet jeune, t. II, 1825-1830.

Théâtre complet de Marivaux, par Jean Fournier et Maurice Bastide, Éditions nationales, t. II, 1946.

Théâtre complet, édition de Frédéric Deloffre, Garnier frères, 1968, t. II (et réédition revue, par Frédéric Deloffre et Françoise Rubellin, Classiques Garnier, t. II, 1992, désignée dans le présent volume par les initiales *D.-R.*).

Les Sincères, édition critique de Lucette Desvignes, thèse complémentaire du doctorat d'État, Paris-IV, 1970.

Théâtre complet, édition d'Henri Coulet et Michel Gilot, Gallimard, Bibliothèque de la Pléiade, t. II, 1994, désignée dans le présent volume par les initiales *C.-G.*

POUR *LES ACTEURS DE BONNE FOI*

Œuvres de théâtre de M. de Marivaux, N. B. Duchesne, t. III, 1758.

Œuvres complètes de Marivaux, veuve Duchesne, t. II, 1781.

Théâtre complet de Marivaux, réédition revue par Frédéric Deloffre et Françoise Rubellin, Classiques Garnier, t. II, 1992, désignée dans le présent volume par les initiales *D.-R.*

Théâtre complet de Marivaux, édition d'Henri Coulet et Michel Gilot, Gallimard, Bibliothèque de la Pléiade, t. II, 1994, désignée dans le présent volume par les initiales *C.-G.*

Les Acteurs de bonne foi (avec *La Dispute* et *L'Épreuve*), édition établie par Jean Goldzink, GF-Flammarion, 1991.

Notre édition n'est pas une édition critique. On trouvera dans l'édition de la Bibliothèque de la Pléiade plus de variantes que nous n'en indiquons dans la présente édition. Les éclaircissements concernant le vocabulaire et la syntaxe ont été demandés aux ouvrages suivants :

Dictionnaire universel de Furetière, 1690 (désigné dans cette édition par *Furetière*) ;

Abrégé du Dictionnaire universel français et latin vulgairement appelé Dictionnaire de Trévoux par Berthelin [...], 1762 (désigné par *Abrégé du Trévoux*) ;
Dictionnaire de l'Académie française, 1762 (désigné par *Académie*) ;
Encyclopédie (1765).
Dictionnaire grammatical par l'abbé Féraud, 1786 (désigné par *Dictionnaire grammatical Féraud*) ;
Dictionnaire critique de la langue française par l'abbé Féraud, 1787 (désigné par *Féraud*).

Les Sincères

COMÉDIE EN UN ACTE, EN PROSE,
REPRÉSENTÉE POUR LA PREMIÈRE FOIS
PAR LES COMÉDIENS-ITALIENS
LE MERCREDI 13 JANVIER 1739

ACTEURS[1]

LA MARQUISE.
DORANTE.
ARAMINTE.
ERGASTE.
LISETTE, *suivante de la Marquise.*
FRONTIN, *valet d'Ergaste.*

La scène se passe en campagne[2] chez la Marquise.

SCÈNE PREMIÈRE

LISETTE, FRONTIN

Ils entrent chacun d'un côté.

LISETTE

Ah! mons[1] Frontin, puisque je vous trouve, vous m'épargnez la peine de parler à votre maître de la part de ma maîtresse. Dites-lui qu'actuellement elle achève une lettre qu'elle voudrait bien qu'il envoie à Paris porter avec les siennes, entendez-vous? Adieu.

Elle s'en va, puis s'arrête.

FRONTIN

Serviteur. *(À part.)* On dirait qu'elle ne se soucie point de moi. Je pourrais donc me confier à elle. Mais la voilà qui s'arrête.

LISETTE, *à part.*

Il ne me retient point, c'est bon signe[2]. *(À Frontin.)* Allez donc.

FRONTIN

Il n'y a rien qui presse; Monsieur a plusieurs lettres à écrire, à peine commence-t-il la première; ainsi soyez tranquille.

LISETTE

Mais il serait bon de le prévenir, de crainte...

FRONTIN

Je n'en irai pas un moment plus tôt, je sais mon compte.

LISETTE

Oh! Je reste donc pour prendre mes mesures, suivant le temps qu'il vous plaira de prendre pour vous déterminer.

FRONTIN, *à part.*

Ah! Nous y voilà. Je me doutais bien que je ne lui étais pas indifférent; cela était trop difficile. *(À Lisette.)* De conversation, il ne faut pas en attendre, je vous en avertis; je m'appelle Frontin le taciturne.

LISETTE

Bien vous en prend, car je suis muette.

FRONTIN

Coiffée comme vous l'êtes[1], vous aurez de la peine à le persuader.

LISETTE

Je me tais cependant.

FRONTIN

Oui, vous vous taisez en parlant.

LISETTE, *à part.*

Ce garçon-là ne m'aime point : je puis me fier à lui.

FRONTIN

Tenez, je vous vois venir ; abrégeons. Comment me trouvez-vous ?

LISETTE

Moi ? Je ne vous trouve rien.

FRONTIN

Je dis, que pensez-vous de ma figure ?

LISETTE

De votre figure ? Mais est-ce que vous en avez une ? Je ne la voyais pas. Auriez-vous par hasard dans l'esprit que je songe à vous ?

FRONTIN

C'est que ces accidents-là me sont si familiers !

LISETTE, *riant.*

Ah, ah, ah ! Vous pouvez vous vanter que vous êtes pour moi tout comme si vous n'étiez pas au monde. Et moi, comment me trouvez-vous, à mon tour ?

FRONTIN

Vous venez de me voler ma réponse.

LISETTE

Tout de bon ?

FRONTIN

Vous êtes jolie, dit-on.

LISETTE

Le bruit en court.

FRONTIN

Sans ce bruit-là, je n'en saurais pas le moindre mot.

LISETTE *joyeuse.*

Grand merci ! Vous êtes mon homme ; voilà ce que je demandais.

FRONTIN *joyeux.*

Vous me rassurez ! Mon mérite m'avait fait peur.

LISETTE *riant.*

On appelle cela avoir peur de son ombre.

FRONTIN

Je voudrais pourtant, de votre part, quelque chose de plus sûr que l'indifférence, il serait à souhaiter que vous aimassiez ailleurs.

LISETTE

Monsieur le fat, j'ai votre affaire. Dubois, que monsieur Dorante a laissé à Paris, et auprès de qui vous n'êtes qu'un magot[1], a toute mon inclination : prenez seulement garde à vous.

FRONTIN

Marton, l'incomparable Marton! qu'Araminte n'a pas amenée avec elle, et devant qui toute soubrette est plus ou moins guenon, est la souveraine de mon cœur.

LISETTE

Qu'elle le garde. Grâce au Ciel, nous voici en état de nous entendre pour rompre l'union de nos maîtres.

FRONTIN

Oui, ma fille, rompons, brisons, détruisons; c'est à quoi j'aspirais.

LISETTE

Ils s'imaginent sympathiser ensemble, à cause de leur prétendu caractère de sincérité.

FRONTIN

Pourrais-tu me dire au juste le caractère de ta maîtresse?

LISETTE

Il y a bien des choses dans ce portrait-là. En gros, je te dirai qu'elle est vaine, envieuse et caustique; elle est sans quartier sur vos défauts, vous garde le secret sur vos bonnes qualités; impitoyablement muette à cet égard, et muette de mauvaise humeur; fière de son caractère sec et formidable qu'elle appelle austérité de raison; elle épargne volontiers ceux qui tremblent sous elle, et se contente de les entretenir dans la crainte. Assez sensible à l'amitié, pourvu qu'elle y prime : il faut que son amie soit sa sujette, et jouisse avec respect de ses bonnes grâces ; c'est vous qui l'aimez, c'est elle qui vous le permet ; vous êtes à elle, vous la servez, et elle vous voit faire. Généreuse d'ailleurs, noble dans ses façons ; sans son esprit qui la rend méchante, elle aurait le meilleur cœur du monde ; vos louanges la chagrinent, dit-elle ; mais c'est comme si elle vous disait : Louez-moi encore du chagrin qu'elles me font.

FRONTIN

Ah, l'espiègle[1] !

LISETTE

Quant à moi, j'ai là-dessus une petite manière qui l'enchante ; c'est que je la loue brusquement, du ton dont on querelle, je boude en la louant, comme si je la grondais d'être louable ; et voilà surtout l'espèce d'éloges qu'elle aime, parce qu'ils n'ont pas l'air flatteur, et que sa vanité hypocrite peut les savourer sans indécence. C'est moi qui l'ajuste et qui la coiffe ; dans les premiers jours je tâchai de faire de mon mieux, je déployai tout mon savoir-faire. Hé ! Mais, Lisette, finis donc, me disait-elle, tu y regardes de trop près, tes scrupules m'ennuient. Moi, j'eus la bêtise de la prendre au mot, et je n'y fis plus tant de façons ; je l'expédiais un peu aux dépens des grâces. Oh, ce n'était pas là son compte ! Aussi me brusquait-elle, je la trouvais aigre, acariâtre : Que vous êtes gauche ! Laissez-moi ; vous ne savez ce que vous faites. Ouais, dis-je, d'où cela vient-il ? Je le devinai : c'est que c'était une coquette qui voulait l'être sans que je le susse, et qui prétendait que je le fusse pour elle ; son intention, ne vous déplaise, était que je fisse violence à la profonde indifférence qu'elle affectait là-dessus. Il fallait que je servisse sa coquetterie sans la connaître ; que je prisse cette coquetterie sur mon compte, et que Madame eût tout le bénéfice des friponneries de mon art, sans qu'il y eût de sa faute.

FRONTIN

Ah ! Le bon petit caractère pour nos desseins !

LISETTE

Et ton maître ?

FRONTIN

Oh ! ce n'est pas de même. Il dit ce qu'il pense de tout le monde, mais il n'en veut à personne ; ce n'est pas par malice qu'il est sincère, c'est qu'il a mis son affection[1] à se distinguer[2] par là. Si, pour paraître franc, il fallait mentir, il mentirait. C'est un homme qui vous demanderait volontiers, non pas : M'estimez-vous ? mais : Êtes-vous étonné de moi ? Son but n'est pas de persuader qu'il vaut mieux que les autres, mais qu'il est autrement fait qu'eux ; qu'il ne ressemble qu'à lui. Ordinairement, vous fâchez les autres en leur disant leurs défauts ; vous le chatouillez, lui, vous le comblez d'aise, en lui disant les siens ; parce que vous lui procurez le rare honneur d'en convenir ; aussi personne ne dit-il tant de mal de lui que lui-même ; il en dit plus qu'il n'en sait. À son compte, il est si imprudent, il a si peu de capacité, il est si borné, quelquefois si imbécile. Je l'ai entendu s'accuser d'être avare, lui qui est libéral ; sur quoi on lève les épaules, et il triomphe. Il est connu partout pour homme de cœur, et je ne désespère pas que quelque jour il ne dise qu'il est poltron ; car plus les médisances qu'il fait de lui sont grosses, et plus il a de goût à les faire, à cause du caractère original que cela lui donne. Voulez-vous qu'il parle de vous en meilleurs termes que de son ami ? brouillez-vous avec lui, la recette est sûre ; vanter son ami, cela est trop peuple[1] ; mais louer son ennemi, le porter aux nues, voilà le beau ! Je te l'achèverai par un trait. L'autre jour, un homme contre qui il avait un procès presque sûr vint lui dire : Tenez, ne plaidons plus, jugez vous-même, je vous prends pour arbitre, je m'y engage[2]. Là-dessus voilà mon homme qui s'allume de la vanité d'être extraordinaire ; le voilà qui pèse, qui prononce gravement contre lui, et qui perd son procès pour gagner la réputation de s'être condamné lui-même : il fut huit jours enivré du bruit que cela fit dans le monde.

LISETTE

Ah, çà, profitons de leur marotte pour les brouiller ensemble ; inventons, s'il le faut ; mentons : peut-être même nous en épargneront-ils la peine.

FRONTIN

Oh ! Je ne me soucie pas de cette épargne-là. Je mens fort aisément, cela ne me coûte rien.

LISETTE

C'est-à-dire que vous êtes né menteur ; chacun a ses talents. Ne pourrons-nous pas imaginer d'avance quelque manière de combustion[3] toute prête ? nous sommes gens d'esprit.

FRONTIN

Attends ; je rêve.

LISETTE

Chut. Voici ton maître.

FRONTIN

Allons donc achever ailleurs.

LISETTE

Je n'ai pas le temps, il faut que je m'en aille.

FRONTIN

Eh bien, dès qu'il n'y sera plus, auras-tu le temps de revenir ? Je te dirai ce que j'imagine.

LISETTE

Oui, tu n'as qu'à te trouver ici dans un quart d'heure. Adieu.

FRONTIN

Hé, à propos, puisque voilà Ergaste, parle-lui de la lettre de madame la Marquise.

LISETTE

Soit.

SCÈNE II

ERGASTE, FRONTIN, LISETTE

FRONTIN

Monsieur, Lisette a un mot à vous dire.

LISETTE

Oui, Monsieur, madame la Marquise vous prie de n'envoyer votre commissionnaire à Paris[1] qu'après qu'elle lui aura donné une lettre.

ERGASTE *s'arrêtant.*

Hem!

LISETTE *haussant le ton.*

Je vous dis qu'elle vous prie de n'envoyer votre messager qu'après qu'il aura reçu une lettre d'elle.

ERGASTE

Qu'est-ce qui me prie?

LISETTE, *plus haut.*

C'est madame la Marquise.

ERGASTE

Ah! oui, j'entends.

LISETTE

Cela est bien heureux! *(À Frontin :)* Heu! le haïssable homme!

FRONTIN *à Lisette.*

Conserve-lui ces bons sentiments, nous en ferons quelque chose.

SCÈNE III

ARAMINTE, ERGASTE, *rêvant*[1].

ARAMINTE

Me voyez-vous, Ergaste ?

ERGASTE *toujours rêvant.*

Oui, voilà qui est fini, vous dis-je, j'entends.

ARAMINTE

Qu'entendez-vous ?

ERGASTE

Ah ! Madame, je vous demande pardon ; je croyais parler à Lisette.

ARAMINTE

Je venais à mon tour rêver dans cette salle.

ERGASTE

J'y étais à peu près dans le même dessein.

ARAMINTE

Souhaitez-vous que je vous laisse seul et que je passe sur la terrasse ? cela m'est indifférent.

ERGASTE

Comme il vous plaira, Madame.

ARAMINTE

Toujours de la sincérité. Mais avant que je vous quitte, dites-moi, je vous prie, à quoi vous rêvez tant ? serait-ce à moi par hasard ?

ERGASTE

Non, Madame.

ARAMINTE

Est-ce à la Marquise ?

ERGASTE

Oui, Madame.

ARAMINTE

Vous l'aimez donc ?

ERGASTE

Beaucoup.

ARAMINTE

Et le sait-elle ?

ERGASTE

Pas encore, j'ai différé jusqu'ici de le lui dire.

ARAMINTE

Ergaste, entre nous, je serais assez fondée à vous appeler infidèle.

ERGASTE

Moi, Madame !

ARAMINTE

Vous-même, il est certain que vous m'aimiez avant que de venir ici.

ERGASTE

Vous m'excuserez, Madame.

ARAMINTE

J'avoue que vous ne me l'avez pas dit, mais vous avez eu des empressements pour moi, ils étaient même fort vifs.

ERGASTE

Cela est vrai.

ARAMINTE

Et si je ne vous avais pas amené chez la Marquise, vous m'aimeriez actuellement.

ERGASTE

Je crois que la chose était immanquable.

ARAMINTE

Je ne vous blâme point ; je n'ai rien à disputer à la Marquise, elle l'emporte en tout sur moi.

ERGASTE

Je ne dis pas cela ; votre figure ne le cède pas à la sienne.

ARAMINTE

Lui trouvez-vous plus d'esprit qu'à moi?

ERGASTE

Non, vous en avez pour le moins autant qu'elle.

ARAMINTE

En quoi me la préférez-vous donc? Ne m'en faites point mystère.

ERGASTE

C'est que, si elle vient à m'aimer, je m'en fierai plus à ce qu'elle me dira qu'à ce que vous m'auriez dit.

ARAMINTE

Comment, me croyez-vous fausse?

ERGASTE

Non; mais vous êtes si gracieuse, si polie!

ARAMINTE

Hé bien, est-ce un défaut?

ERGASTE

Oui. Car votre douceur naturelle et votre politesse m'auraient trompé, elles ressemblent à de l'inclination.

ARAMINTE

Je n'ai pas cette politesse et cet air de douceur avec tout le monde; mais il n'est plus question du passé. Voici la Marquise, ma présence vous gênerait, et je vous laisse.

ERGASTE *à part.*

Je suis assez content de tout ce qu'elle m'a dit ; elle m'a parlé assez uniment[1].

SCÈNE IV

LA MARQUISE, ERGASTE

LA MARQUISE

Ah ! Vous voici, Ergaste ? Je n'en puis plus ! J'ai le cœur affadi[2] des douceurs de Dorante que je quitte. Je me mourais déjà des sots discours de cinq ou six personnes d'avec qui je sortais, et qui me sont venues voir ; vous êtes bien heureux de ne vous y être pas trouvé. La sotte chose que l'humanité ! Qu'elle est ridicule ! Que de vanité ! Que de duperies ! Que de petitesse ! Et tout cela, faute de sincérité de part et d'autre. Si les hommes voulaient se parler franchement, si l'on n'était point applaudi quand on s'en fait accroire, insensiblement l'amour-propre se rebuterait d'être impertinent, et chacun n'oserait plus s'évaluer que ce qu'il vaut. Mais depuis que je vis, je n'ai encore vu qu'un homme vrai ; et en fait de femmes, je n'en connais point de cette espèce.

ERGASTE

Et moi, j'en connais une ; devinez-vous qui c'est ?

LA MARQUISE

Non ; je n'y suis point.

ERGASTE

Eh, parbleu, c'est vous, Marquise; où voulez-vous que je la prenne ailleurs?

LA MARQUISE

Hé bien, vous êtes l'homme dont je vous parle; aussi m'avez-vous prévenue[1] d'une estime pour vous, d'une estime...

ERGASTE

Quand je dis: Vous, Marquise, c'est sans faire réflexion que vous êtes là, je vous le dis comme je le dirais à un autre[2], je vous le raconte.

LA MARQUISE

Comme, de mon côté, je vous cite sans vous voir; c'est un étranger à qui je parle.

ERGASTE

Oui, vous m'avez surpris; je ne m'attendais pas à un caractère comme le vôtre. Quoi! dire inflexiblement la vérité! La dire à vos amis même! Quoi! Voir qu'il ne vous échappe jamais un mot à votre avantage!

LA MARQUISE

Hé mais, vous qui parlez, faites-vous autre chose que de vous critiquer sans cesse?

ERGASTE

Revenons à vos originaux[3]; quelle sorte de gens était-ce?

LA MARQUISE

Ah ! Les sottes gens ! L'un était un jeune homme de vingt-huit à trente ans, un fat toujours agité du plaisir de se sentir fait comme il est ; il ne saurait s'accoutumer à lui ; aussi sa petite âme n'a-t-elle qu'une fonction, c'est de promener son corps comme la merveille de nos jours ; c'est d'aller toujours disant : Voyez mon enveloppe, voilà l'attrait de tous les cœurs, voilà la terreur des maris et des amants, voilà l'écueil de toutes les sagesses.

ERGASTE, *riant*.

Ah ! La risible créature !

LA MARQUISE

Imaginez-vous qu'il n'a précisément qu'un objet dans la pensée, c'est de se montrer ; quand il rit, quand il s'étonne, quand il vous approuve, c'est qu'il se montre. Se tait-il ? Change-t-il de contenance ? Se tient-il sérieux ? ce n'est rien de tout cela qu'il veut faire, c'est qu'il se montre ; c'est qu'il vous dit : Regardez-moi. Remarquez mes gestes et mes attitudes, voyez mes grâces dans tout ce que je fais, dans tout ce que je dis, voyez mon air fin, mon air leste[1], mon air cavalier, mon air dissipé ; en voulez-vous du vif, du fripon, de l'agréablement étourdi ? En voilà. Il dirait volontiers à tous les amants : N'est-il pas vrai que ma figure vous chicane ? À leurs maîtresses : Où en serait votre fidélité, si je voulais ? À l'indifférente : Vous n'y tenez point, je vous réveille, n'est-ce pas ? À la prude : Vous me lorgnez en dessous ? À la vertueuse : Vous résistez à la tentation de me regarder ? À la jeune fille : Avouez que votre cœur est ému ! Il n'y a pas jusqu'à la personne âgée qui, à ce qu'il croit, dit en elle-même en le voyant : Quel dommage que je ne suis plus jeune !

ERGASTE, *riant*.

Ah, ah, ah ! Je voudrais bien que le personnage vous entendît.

LA MARQUISE

Il sentirait que je n'exagère pas d'un mot. Il a parlé d'un mariage qui a pensé[1] se conclure pour lui ; mais que trois ou quatre femmes jalouses, désespérées et méchantes[2], ont trouvé sourdement le secret de faire manquer, cependant il ne sait pas encore ce qui arrivera. Il n'y a que les parents de la fille qui se sont[3] dédits, mais elle n'est pas de leur avis. Il sait, de bonne part, qu'elle est triste, qu'elle est changée ; il est même question de pleurs : elle ne l'a pourtant vu que deux fois, et ce que je vous dis là, je vous le rends un peu plus clairement qu'il ne l'a conté. Un fat se doute toujours un peu qu'il l'est, et comme il a peur qu'on ne s'en doute aussi, il biaise[4], il est fat le plus modestement qu'il lui est possible ; et c'est justement cette modestie-là qui rend sa fatuité sensible.

ERGASTE, *riant*.

Vous avez raison.

LA MARQUISE

À côté de lui était une nouvelle mariée, d'environ trente ans, de ces visages d'un blanc fade, et qui font une physionomie longue et sotte ; et cette nouvelle épousée, telle que je vous la dépeins, avec ce visage qui, à dix ans, était antique, prenait des airs enfantins dans la conversation ; vous eussiez dit d'une petite fille qui vient de sortir de dessous l'aile de père et de mère ; figurez-vous qu'elle est toute étonnée de la nouveauté de son état ; elle n'a point de contenance assurée ; ses innocents appas sont encore tout confus de son aventure ; elle n'est pas encore bien sûre qu'il soit honnête d'avoir un mari ; elle baisse les yeux quand on la regarde, elle ne croit pas qu'il lui soit permis de parler si on ne l'interroge ; elle me faisait toujours une inclination de tête en me répondant, comme si elle m'avait remerciée de la bonté que j'avais de faire comparaison avec une personne de son âge ; elle me traitait comme une mère, moi, qui suis plus jeune qu'elle, ah, ah, ah !

ERGASTE

Ah, ah, ah ! Il est vrai que, si elle a trente ans, elle est à peu près votre aînée de deux.

LA MARQUISE

De près de trois, s'il vous plaît !

ERGASTE, *riant*.

Est-ce là tout ?

LA MARQUISE

Non ; car il faut que je me venge de tout l'ennui que m'ont donné ces originaux. Vis-à-vis de la petite fille de trente ans, était une assez grosse et grande femme de cinquante à cinquante-cinq ans, qui nous étalait glorieusement son embonpoint, et qui prend l'épaisseur de ses charmes pour de la beauté ; elle est veuve, fort riche, et il y avait auprès d'elle un jeune homme, un cadet qui n'a rien, et qui s'épuise en platitudes pour lui faire sa cour. On a parlé du dernier bal de l'Opéra[1] : J'y étais, a-t-elle dit, et j'y trompai mes meilleurs amis, ils ne me reconnurent point. Vous, Madame ? a-t-il repris, vous, n'être pas reconnaissable[2] ? Ah, je vous en défie, je vous reconnus du premier coup d'œil à votre air de tête. Eh, comment cela, Monsieur ? Oui, Madame, à je ne sais quoi de noble et d'aisé qui ne pouvait appartenir qu'à vous ; et puis vous ôtâtes un gant ; et comme, grâce au Ciel, nous avons une main qui ne ressemble guère à d'autres, en la voyant je vous nommai. Et cette main sans pair, si vous l'aviez vue, Monsieur, est assez blanche, mais large, ne vous déplaise, mais charnue, mais boursouflée, mais courte, et tient au bras le mieux nourri que j'aie vu de ma vie. Je vous en parle savamment, car la grosse dame au grand air de tête prit longtemps du tabac pour exposer cette main unique, qui a de l'étoffe pour quatre, et qui finit par des doigts d'une grosseur, d'une brièveté, à la différence de ceux de la petite fille de trente ans qui sont comme des filets.

ERGASTE, *riant*.

Un peu de variété ne gâte rien.

LA MARQUISE

Notre cercle finissait par un petit homme qu'on trouvait si plaisant, si sémillant, qui ne dit rien et qui parle toujours ; c'est-à-dire qu'il a l'action vive, l'esprit froid et la parole éternelle : il était auprès d'un homme grave qui décide par monosyllabes, et dont la compagnie paraissait faire grand cas ; mais, à vous dire vrai, je soupçonne que tout son esprit est dans sa perruque : elle est ample et respectable, et je le crois fort borné quand il ne l'a pas, les grandes perruques m'ont si souvent trompée que je n'y crois plus.

ERGASTE, *riant*.

Il est constant qu'il est certaines têtes sur lesquelles elles en imposent.

LA MARQUISE

Grâce au Ciel, la visite a été courte, je n'aurais pu la soutenir longtemps, et je viens respirer avec vous. Quelle différence de vous à tout le monde ! Mais dites sérieusement, vous êtes donc un peu content de moi ?

ERGASTE

Plus que je ne puis dire.

LA MARQUISE

Prenez garde, car je vous crois à la lettre ; vous répondez de ma raison là-dessus, je vous l'abandonne.

ERGASTE

Prenez garde aussi de m'estimer trop.

LA MARQUISE

Vous, Ergaste ? vous êtes un homme admirable : vous me diriez que je suis parfaite que je n'en appellerais pas : je ne parle pas de la figure, entendez-vous ?

ERGASTE

Oh ! de celle-là, vous vous en passeriez bien, vous l'avez de trop.

LA MARQUISE

Je l'ai de trop ? Avec quelle simplicité il s'exprime ! Vous me charmez, Ergaste, vous me charmez... À propos, vous envoyez à Paris, dites à votre homme qu'il vienne chercher une lettre que je vais achever.

ERGASTE

Il n'y a qu'à le dire à Frontin que je vois. Frontin !

SCÈNE V

FRONTIN, ERGASTE LA MARQUISE

FRONTIN

Monsieur ?

ERGASTE

Suivez Madame, elle va vous donner une lettre, que vous remettrez à celui que je fais partir pour Paris.

FRONTIN

Il est lui-même chez Madame qui attend la lettre.

LA MARQUISE

Il l'aura dans un moment. J'aperçois Dorante qui se promène là-bas, et je me sauve.

ERGASTE

Et moi je vais faire mes paquets[1].

SCÈNE VI

FRONTIN, LISETTE, *qui survient.*

FRONTIN

Ils me paraissent bien satisfaits tous deux. Oh, n'importe, cela ne saurait durer.

LISETTE

Eh bien, me voilà revenue ; qu'as-tu imaginé ?

FRONTIN

Toutes réflexions faites, je conclus qu'il faut d'abord commencer par nous brouiller tous deux.

LISETTE

Que veux-tu dire ? à quoi cela nous mènera-t-il ?

FRONTIN

Je n'en sais encore rien, je ne saurais t'expliquer mon projet ; j'aurais de la peine à me l'expliquer à moi-même. Ce n'est pas un projet, c'est une confusion d'idées fort spirituelles qui n'ont peut-être pas le sens commun, mais qui me flattent. Je verrai clair à mesure ; à présent je n'y vois goutte. J'aperçois pourtant en perspective des discordes, des querelles, des dépits, des explications, des rancunes : tu m'accuseras, je t'accuserai, on se plaindra de nous, tu auras mal parlé, je n'aurai pas mieux dit : tu n'y comprends rien, la chose est obscure, j'essaie, je hasarde ; je te conduirai, et tout ira bien. M'entends-tu un peu ?

LISETTE

Oh, belle demande! Cela est si clair!

FRONTIN

Paix; voici nos gens qui arrivent: tu sais le rôle que je t'ai donné; obéis, j'aurai soin du reste.

SCÈNE VII

DORANTE, ARAMINTE, LISETTE, FRONTIN

ARAMINTE

Ah! c'est vous, Lisette? Nous avons cru qu'Ergaste et la Marquise se promenaient ici.

LISETTE

Non, Madame, mais nous parlions d'eux, à votre profit[1].

DORANTE

À mon profit? et que peut-on faire pour moi? la Marquise est à la veille d'épouser Ergaste; il y a du moins lieu de le croire à l'empressement qu'ils ont l'un pour l'autre.

FRONTIN

Point du tout, nous venons tout à l'heure de rompre ce mariage, Lisette et moi dans notre petit conseil...

ARAMINTE

Sur ce pied-là, vous ne vous aimez donc pas, vous autres?

LISETTE

On ne peut pas moins.

FRONTIN

Mon étoile ne veut pas que je rende justice à Mademoiselle.

LISETTE

Et la mienne veut que je rende justice à Monsieur.

FRONTIN

Nous avions déjà conclu d'affaire avec d'autres, et Madame loge chez elle la petite personne que j'aime.

ARAMINTE

Quoi, Marton ?

FRONTIN

Vous l'avez dit, Madame, mon amour est de sa façon. Quant à Mademoiselle, son cœur est allé à Dubois, c'est lui qui le possède.

DORANTE

J'en serais charmé, Lisette.

LISETTE

Laissons là ce détail, vous aimez toujours ma maîtresse : dans le fond elle ne vous haïssait pas, et c'est vous qui l'épouserez, je vous la donne.

FRONTIN

Et c'est Madame, à qui je prends la liberté de transporter[1] mon maître.

ARAMINTE, *riant.*

Vous me le transportez, Frontin ? Et que savez-vous si je voudrai de lui ?

LISETTE

Madame a raison, tu ne lui ferais pas là un grand présent.

ARAMINTE

Vous parlez fort mal, Lisette ; ce que j'ai répondu à Frontin ne signifie rien contre Ergaste, que je regarde comme un des hommes les plus dignes[1] de l'attachement d'une femme raisonnable.

LISETTE, *d'un ton ironique.*

À la bonne heure ; je le trouvais un homme fort ordinaire, et je vais le regarder comme un homme fort rare.

FRONTIN

Pour le moins aussi rare que ta maîtresse (soit dit sans préjudice de la reconnaissance que j'ai pour la bonne chère que j'ai fait[2] chez elle).

DORANTE

Halte-là, faquin, prenez garde à ce que vous direz de madame la Marquise.

FRONTIN

Monsieur, je défends mon maître.

LISETTE

Voyez donc cet animal, c'est bien à toi à parler d'elle, tu nous fais là une belle comparaison[3].

FRONTIN, *criant.*

Qu'appelles-tu une comparaison ?

ARAMINTE

Allez Lisette, vous êtes une impertinente avec vos airs méprisants contre un homme dont je prends le parti, et votre maîtresse elle-même me fera raison du peu de respect que vous avez pour moi.

LISETTE

Pardi ! voilà bien du bruit pour un petit mot ; c'est donc le phénix, monsieur Ergaste ?

FRONTIN

Ta maîtresse en est-elle un plus que nous ?

DORANTE

Paix, vous dis-je[1].

FRONTIN

Monsieur, je suis indigné : qu'est-ce donc que sa maîtresse a qui la relève[2] tant au-dessus de mon maître ? On sait bien qu'elle est aimable, mais il y en a encore de plus belles, quand ce ne serait que Madame.

DORANTE, *haut.*

Madame n'a que faire là-dedans, maraud ; mais je te donnerais cent coups de bâton, sans la considération que j'ai pour ton maître.

SCÈNE VIII

DORANTE, FRONTIN, ERGASTE, ARAMINTE

ERGASTE

Qu'est-ce donc, Dorante, il me semble que tu cries ? Est-ce ce coquin-là qui te fâche ?

DORANTE

C'est un insolent.

ERGASTE

Qu'as-tu donc fait, malheureux ?

FRONTIN

Monsieur, si la sincérité loge quelque part, c'est dans votre cœur, parlez : la plus belle femme du monde est-ce la Marquise ?

ERGASTE

Non, qu'est-ce que cette mauvaise plaisanterie-là, butor ? la Marquise est aimable et non pas belle.

FRONTIN, *joyeux.*

Comme un ange[1] !

ERGASTE

Sans aller plus loin, Madame a les traits plus réguliers qu'elle.

FRONTIN

J'ai prononcé de même sur ces deux articles[2], et

Monsieur s'emporte; il dit que, sans vous, la dispute finirait sur mes épaules, je vous laisse mon bon droit à soutenir, et je me retire avec votre suffrage.

SCÈNE IX

ERGASTE, DORANTE, ARAMINTE

ERGASTE, *riant.*

Quoi! Dorante, c'est là ce qui t'irrite? À quoi songes-tu donc? Eh mais, je suis persuadé que la Marquise elle-même ne se pique pas de beauté, elle n'en a que faire pour être aimée.

DORANTE

Quoi qu'il en soit, nous sommes amis. L'opiniâtreté de cet impudent m'a choqué, et j'espère que tu voudras bien t'en défaire, et s'il le faut, je t'en ferai prier par la Marquise, sans lui dire ce dont il s'agit.

ERGASTE

Je te demande grâce pour lui, et je suis sûr que la Marquise te la demandera elle-même : au reste, j'étais venu savoir si vous n'avez rien à mander à Paris, où j'envoie un de mes gens qui va partir : peut-il vous être utile?

ARAMINTE

Je le chargerai d'un petit billet, si vous le voulez bien.

ERGASTE, *lui donnant la main*[1].

Allons, Madame, vous me le donnerez à moi-même.

La Marquise arrive au moment qu'ils sortent.

SCÈNE X

LA MARQUISE, ERGASTE, DORANTE, ARAMINTE

LA MARQUISE

Eh! Où allez-vous donc, tous deux?

ERGASTE

Madame va me remettre un billet pour être porté à Paris; et je reviens ici dans le moment, Madame.

SCÈNE XI

DORANTE, LA MARQUISE,
*après s'être regardés, et avoir gardé
un grand silence*[2].

LA MARQUISE

Eh bien, Dorante, me promènerai-je avec un muet?

DORANTE

Dans la triste situation où me met votre indifférence pour moi, je n'ai rien à dire; et je ne sais que soupirer.

LA MARQUISE, *tristement.*

Une triste situation et des soupirs! Que tout cela est triste! Que vous êtes à plaindre! Mais soupirez-vous quand je n'y suis point, Dorante? J'ai dans l'esprit que vous me gardez vos langueurs.

DORANTE

Eh! Madame, n'abusez point du pouvoir de votre beauté. Ne vous suffit-il pas de me préférer un rival? pouvez-vous encore avoir la cruauté de railler un homme qui vous adore?

LA MARQUISE

Qui m'adore! L'expression est grande et magnifique, assurément; mais je lui trouve un défaut: c'est qu'elle me glace, et vous ne la prononcez jamais que je ne sois tentée d'être aussi muette qu'une idole.

DORANTE

Vous me désespérez. Fut-il jamais d'homme plus maltraité que je le suis? fut-il de passion plus méprisée?

LA MARQUISE

Passion! j'ai vu ce mot-là dans *Cyrus* ou dans *Cléopâtre*[1]. Eh! Dorante, vous n'êtes pas indigne qu'on vous aime; vous avez de tout, de l'honneur, de la naissance, de la fortune, et même des agréments; je dirai même que vous m'auriez peut-être plu, mais je n'ai jamais pu me fier à votre amour; je n'y ai point de foi, vous l'exagérez trop; il révolte la simplicité de caractère que vous me connaissez. M'aimez-vous beaucoup? Ne m'aimez-vous guère? Faites-vous semblant de m'aimer ? c'est ce que je ne saurais décider. Eh ! le moyen d'en juger mieux, à travers toutes les emphases[1] ou toutes les impostures galantes dont vous l'enveloppez ? Je ne sais plus que soupirer, dites-vous. Y a-t-il rien de si plat ? Un homme qui aime une femme raisonnable ne dit point : Je soupire ; ce mot n'est pas assez sérieux pour lui, pas assez vrai ; il dit : Je vous aime, je voudrais bien que vous m'aimassiez, je suis bien mortifié que vous ne m'aimiez pas : voilà tout, et il n'y a que cela dans votre cœur non plus. Vous n'y verrez, ni que vous m'adorez, car c'est parler en poëte, ni que vous êtes désespéré, car il faudrait vous enfermer, ni que je suis cruelle, car je vis doucement avec tout le monde ; ni, peut-être, que je suis belle, quoique à tout prendre il se pourrait que je la fusse[2] ; et je demanderai à Ergaste ce qui en est ; je compterai sur ce qu'il me dira : il est sincère : c'est par là que je l'estime ; et vous me rebutez par le contraire.

DORANTE, *vivement.*

Vous me poussez à bout ; mon cœur en[3] est plus croyable qu'un misanthrope qui voudra peut-être passer pour sincère à vos dépens, et aux dépens de la sincérité même. À mon égard, je n'exagère point : je dis que je vous adore, et cela est vrai ; ce que je sens pour vous ne s'exprime que par ce mot-là[4]. J'appelle aussi mon amour une passion, parce que c'en est une. Je dis que votre raillerie me désespère, et je ne dis rien de trop ; je ne saurais rendre autrement la douleur que j'en ai ; et s'il ne faut pas m'enfermer, c'est que je ne suis qu'affligé, et non pas insensé. Il est encore vrai que je soupire, et que je meurs[5] d'être méprisé. Oui, je m'en meurs, oui, vos railleries sont cruelles, elles me pénètrent le cœur, et je le dirai toujours. Adieu, Madame : voici Ergaste, cet homme si sincère, et je me retire. Jouissez à loisir de la froide et orgueilleuse tranquillité avec laquelle il vous aime.

LA MARQUISE, *le voyant s'en aller.*

Il en faut convenir, ces dernières fictions-ci sont assez pathétiques.

SCÈNE XII

LA MARQUISE, ERGASTE

ERGASTE

Je suis charmé de vous trouver seule, Marquise ; je ne m'y attendais pas. Je viens d'écrire à mon frère à Paris ; savez-vous ce que je lui mande ? Ce que je ne vous ai pas encore dit à vous-même.

LA MARQUISE

Quoi donc ?

ERGASTE

Que je vous aime.

LA MARQUISE, *riant.*

Je le savais, je m'en étais aperçue.

ERGASTE

Ce n'est pas là tout ; je lui marque encore une chose.

LA MARQUISE

Qui est ?...

ERGASTE

Que je croyais ne vous pas déplaire.

LA MARQUISE

Toutes vos nouvelles sont donc vraies.

ERGASTE

Je vous reconnais à cette réponse franche.

LA MARQUISE

Si c'était le contraire, je vous le dirais tout aussi uniment.

ERGASTE

À ma première lettre, si vous voulez, je manderai tout net que je vous épouserai bientôt.

LA MARQUISE

Eh ! mais, apparemment.

ERGASTE

Et comme on peut se marier à la campagne, je pourrai même mander que c'en est fait.

LA MARQUISE, *riant.*

Attendez ; laissez-moi respirer : en vérité, vous allez si vite que je me suis crue mariée !

ERGASTE

C'est que ce sont de ces choses qui vont tout de suite, quand on s'aime.

LA MARQUISE

Sans difficulté. Mais, dites-moi, Ergaste, vous êtes homme vrai : qu'est-ce que c'est que votre amour[1] ? Car je veux être véritablement aimée.

ERGASTE

Vous avez raison ; aussi vous aimé-je[2] de tout mon cœur.

LA MARQUISE

Je vous crois. N'avez-vous jamais rien aimé plus que moi ?

ERGASTE

Non, d'homme d'honneur ; passe pour autant, une fois en ma vie. Oui, je pense bien avoir aimé autant ; pour plus, je n'en ai pas l'idée ; je crois même que cela ne serait pas possible.

LA MARQUISE

Oh ! très possible, je vous en réponds ; rien n'empêche que vous m'aimiez encore davantage : je n'ai qu'à être plus aimable et cela ira plus loin. Passons. Laquelle de nous deux vaut le mieux, de celle que vous aimiez ou de moi ?

ERGASTE

Mais ce sont des grâces différentes : elle en avait infiniment.

LA MARQUISE

C'est-à-dire, un peu plus que moi.

ERGASTE

Ma foi, je serais fort embarrassé de décider là-dessus.

LA MARQUISE

Et moi, non, je prononce ; votre incertitude décide ; comptez aussi que vous l'aimiez plus que moi.

ERGASTE

Je n'en crois rien.

LA MARQUISE, *riant*.

Vous rêvez. N'aime-t-on pas toujours les gens à proportion de ce qu'ils sont aimables ? Et dès qu'elle l'était plus que je ne la suis[1], qu'elle avait plus de grâces, il a bien fallu que vous l'aimassiez davantage ? Votre cœur n'a guère de mémoire[2].

ERGASTE

Elle avait plus de grâces ? mais c'est ce qui est indécis, et si indécis, que je penche à croire que vous en avez bien autant.

LA MARQUISE

Oui ! Penchez-vous, vraiment ? Cela est considérable[3] ; mais savez-vous à quoi je penche, moi ?

ERGASTE

Non.

LA MARQUISE

À laisser là cette égalité si équivoque, elle ne me tente point ; j'aime autant la perdre que de la gagner, en vérité.

ERGASTE

Je n'en doute pas; je sais votre indifférence là-dessus, d'autant plus que si cette égalité n'y est point, ce serait de si peu de chose.

LA MARQUISE, *vivement*.

Encore! Eh je vous dis que je n'en veux point, que j'y renonce. À quoi sert d'éplucher ce qu'elle a de plus, ce que j'ai de moins? Ne vous travaillez plus à nous évaluer; mettez-vous l'esprit en repos, je lui cède, j'en ferai un astre, si vous voulez!

ERGASTE, *riant*.

Ah, ah, ah! Votre badinage me charme; il en sera donc ce qu'il vous plaira; l'essentiel est que je vous aime autant que je l'aimais.

LA MARQUISE

Vous me faites bien de la grâce; quand vous en rabattriez[1], je ne m'en plaindrais pas. Continuons, vos naïvetés m'amusent, elles sont de si bon goût. Vous avez paru, ce me semble, avoir quelque inclination pour Araminte?

ERGASTE

Oui, je me suis senti quelque envie de l'aimer; mais la difficulté de pénétrer ses dispositions m'a rebuté. On risque toujours de se méprendre avec elle, et de croire qu'elle est sensible quand elle n'est qu'honnête[2]; et cela ne me convient point.

LA MARQUISE, *ironiquement*.

Je fais grand cas d'elle : comment la trouvez-vous?

À qui de nous deux, amour à part, donneriez-vous la préférence? Ne me trompez point.

ERGASTE

Oh! jamais. Et voici ce que j'en pense : Araminte a de la beauté, on peut dire que c'est une belle femme.

LA MARQUISE

Fort bien! Et quant à moi, à cet égard-là, je n'ai qu'à me cacher, n'est-ce pas?

ERGASTE

Pour vous, Marquise, vous plaisez plus qu'elle.

LA MARQUISE, *à part, en riant.*

J'ai tort, je passe l'étendue de mes droits. Ah, le sot homme[1], qu'il est plat! Ah, ah, ah!

ERGASTE

Mais de quoi riez-vous donc?

LA MARQUISE

Franchement, c'est que vous êtes un mauvais connaisseur, et qu'à dire vrai, nous ne sommes belles ni l'une ni l'autre[2].

ERGASTE

Il me semble cependant qu'une certaine régularité de traits...

LA MARQUISE

Visions, vous dis-je, pas plus belles l'une que l'autre. De la régularité dans les traits d'Araminte! de la régularité ? vous me faites pitié ! et si je vous disais qu'il y a mille gens qui trouvent quelque chose de baroque[1] dans son air ?

ERGASTE

Du baroque à Araminte !

LA MARQUISE

Oui, Monsieur, du baroque : mais on s'y accoutume, et voilà tout ; et quand je vous accorde que nous n'avons pas plus de beauté l'une que l'autre, c'est que je ne me soucie guère de me faire tort ; mais croyez que tout le monde la trouvera encore plus éloignée d'être belle que moi, tout effroyable que vous me faites.

ERGASTE

Moi, je vous fais effroyable ?

LA MARQUISE

Mais il faut bien, dès que je suis au-dessous d'elle.

ERGASTE

J'ai dit que votre partage était de plaire plus qu'elle.

LA MARQUISE

Soit, je plais davantage, mais je commence par faire peur.

ERGASTE

Je puis m'être trompé, cela m'arrive souvent ; je réponds de la sincérité de mes sentiments, mais je n'en garantis pas la justesse.

LA MARQUISE

À la bonne heure, mais quand on a le goût faux, c'est une triste qualité que d'être sincère[1].

ERGASTE

Le plus grand défaut de ma sincérité, c'est qu'elle est trop forte.

LA MARQUISE

Je ne vous écoute pas ; vous voyez de travers, ainsi changeons de discours, et laissons là Araminte. Ce n'est pas la peine de vous demander ce que vous pensiez[2] de la différence de nos esprits, vous ne savez pas juger.

ERGASTE

Quant à vos esprits, le vôtre me paraît bien vif, bien sensible, bien délicat.

LA MARQUISE

Vous biaisez ici, c'est vain et emporté que vous voulez dire.

SCÈNE XIII

LA MARQUISE, ERGASTE, LISETTE

LA MARQUISE

Mais que vient faire ici Lisette ? À qui en voulez-vous ?

LISETTE

À Monsieur, Madame ; je viens vous avertir d'une chose, Monsieur. Vous savez[1] que tantôt Frontin a osé dire[2] à Dorante même qu'Araminte était beaucoup plus belle que ma maîtresse.

LA MARQUISE

Quoi, qu'est-ce donc ? Lisette, est-ce que nos beautés ont déjà été débattues ?

LISETTE

Oui, Madame, et Frontin vous mettait bien au-dessous[3] d'Araminte, elle présente et moi aussi.

LA MARQUISE

Elle présente ! Qui répondait ?

LISETTE

Qui laissait dire.

LA MARQUISE, *riant.*

Eh mais, conte-moi donc cela. Comment ! Je suis en procès sur d'aussi grands intérêts, et je n'en savais rien ! Eh bien ?

LISETTE

Ce que je veux apprendre à Monsieur, c'est que Frontin dit qu'il[4] est arrivé dans le temps que Dorante se fâchait, s'emportait contre lui[5] en faveur de Madame.

LA MARQUISE

Il s'emportait, dis-tu, toujours en présence d'Araminte ?

LISETTE

Oui, Madame. Sur quoi Frontin dit donc que vous êtes arrivé, Monsieur; que vous avez demandé à Dorante de quoi il se plaignait, et que, l'ayant su, vous avez extrêmement loué son avis, je dis l'avis de Frontin; que vous y avez applaudi, et déclaré que Dorante était un flatteur ou n'y voyait goutte. Voilà ce que cet effronté publie, et j'ai cru qu'il était à propos de vous informer d'un discours qui ne vous ferait pas honneur, et qui ne convient ni à vous ni à Madame.

LA MARQUISE, *riant.*

Le rapport de Frontin est-il exact, Monsieur ?

ERGASTE

C'est un sot, il en a dit beaucoup trop : il est faux que je l'aie[1] applaudi ou loué; mais, comme il ne s'agissait que de la beauté, qu'on ne saurait contester à Araminte, je me suis contenté de dire froidement que je ne voyais pas qu'il eût tort.

LA MARQUISE, *d'un air critique et sérieux.*

Il est vrai que ce n'est pas là applaudir, ce n'est que confirmer, qu'appuyer la chose.

ERGASTE

Sans doute.

LA MARQUISE

Toujours devant Araminte ?

ERGASTE

Oui. Et j'ai même ajouté, par une estime particulière pour vous, que vous seriez de mon avis vous-même.

LA MARQUISE

Ah! vous m'excuserez. Voilà où l'oracle s'est trop avancé; je ne justifierai point votre estime, j'en suis fâchée; mais je connais Araminte, et je n'irai point confirmer aussi une décision qui lui tournerait la tête; car elle est si sotte : je gage qu'elle vous aura cru, et il n'y aurait plus moyen de vivre avec elle. Laissez-nous, Lisette.

SCÈNE XIV

LA MARQUISE, ERGASTE

LA MARQUISE

Monsieur, vous m'avez rendu compte de votre cœur; il est juste que je vous rende compte du mien.

ERGASTE

Voyons.

LA MARQUISE

Ma première inclination a d'abord été mon mari, qui valait mieux que vous, Ergaste, soit dit sans rien diminuer de l'estime que vous méritez.

ERGASTE

Après, Madame[1].

LA MARQUISE

Depuis sa mort, je me suis senti, il y a deux ans, quelque sorte de penchant pour un étranger qui demeura peu de temps à Paris, que je refusai de voir, et que je perdis de vue ; homme à peu près de votre taille, ni mieux ni plus mal fait, de ces figures passables, peut-être un peu plus remplie, un peu moins fluette, un peu moins décharnée que la vôtre[1].

ERGASTE

Fort bien. Et de Dorante, que m'en direz-vous, Madame ?

LA MARQUISE

Qu'il est plus doux, plus complaisant, qu'il a la mine un peu plus distinguée, et qu'il pense plus modestement de lui que vous ; mais que vous plaisez davantage.

ERGASTE

J'ai tort aussi, très tort[2]. Mais ce qui me surprend, c'est qu'une figure aussi chétive que la mienne, qu'un homme aussi désagréable, aussi revêche, aussi sottement[3] infatué de lui-même, ait pu gagner votre cœur.

LA MARQUISE

Est-ce que nos cœurs ont de la raison ? Il entre tant de caprices dans les inclinations !

ERGASTE

Il vous en a fallu un des plus déterminés pour pouvoir m'aimer, avec de si terribles défauts, qui sont peut-être vrais, dont je vous suis obligé de m'avertir, mais que je ne savais guère.

LA MARQUISE

Hé! Savais-je, moi, que j'étais vaine, laide et mutine[1]? Vous me l'apprenez, et je vous rends instruction pour instruction.

ERGASTE

Je tâcherai d'en profiter; tout ce que je crains, c'est qu'un homme aussi commun, et qui vaut si peu, ne vous rebute.

LA MARQUISE, *froidement*.

Hé! dès que vous pardonnez à mes désagréments, il est juste que je pardonne à la petitesse de votre mérite.

ERGASTE

Vous me rassurez.

LA MARQUISE, *à part*.

Personne ne viendra-t-il me délivrer de lui?

ERGASTE

Quelle heure est-il?

LA MARQUISE

Je crois qu'il est tard.

ERGASTE

Ne trouvez-vous pas que le temps se brouille?

LA MARQUISE

Oui, nous aurons de l'orage.

Ils sont quelque temps sans se parler.

ERGASTE

Je suis d'avis de vous laisser ; vous me paraissez rêver.

LA MARQUISE

Non, c'est que je m'ennuie. Ma sincérité ne vous choquera pas ?

ERGASTE

Je vous en remercie, et je vous quitte ; je suis votre serviteur.

LA MARQUISE

Allez, Monsieur... À propos, quand vous écrirez à votre frère, n'allez pas si vite sur les nouvelles de notre mariage.

ERGASTE

Madame, je ne lui en dirai plus rien.

SCÈNE XV

LA MARQUISE *un moment seule,*
LISETTE *survient.*

LA MARQUISE, *seule.*

Ah ! Je respire. Quel homme avec son imbécile sincérité ! Assurément, s'il dit vrai, je ne suis pas une jolie personne.

LISETTE

Hé bien, Madame! que dites-vous d'Ergaste? Est-il assez étrange?

LA MARQUISE

Hé! Mais, après tout, peut-être pas si étrange, Lisette; je ne sais plus qu'en penser moi-même; il a peut-être raison; je me méfie de tout ce qu'on m'a dit jusqu'ici de flatteur pour moi; et surtout de ce que m'a dit ton Dorante, que tu aimes tant, et qui doit être le plus grand fourbe, le plus grand menteur avec ses adulations. Ah! Que je me sais bon gré de l'avoir rebuté!

LISETTE

Fort bien. C'est-à-dire que nous sommes tous des aveugles. Toute la terre s'accorde à dire que vous êtes une des plus jolies femmes de France, je vous épargne le mot de belle, et toute la terre en a menti.

LA MARQUISE

Mais, Lisette, est-ce qu'on est sincère? Toute la terre est polie...

LISETTE

Oh! Vraiment, oui; le témoignage d'un hypocondre est bien plus sûr.

LA MARQUISE

Il peut se tromper, Lisette; mais il dit ce qu'il voit.

LISETTE

Où a-t-il donc pris des yeux? Vous m'impatientez.

Je sais bien qu'il y a des minois[1] d'un mérite incertain, qui semblent jolis aux uns, et qui ne le semblent pas aux autres ; et si vous aviez un de ceux-là, qui ne laissent pas de distinguer beaucoup une femme, j'excuserais votre méfiance ; mais le vôtre est charmant. Petits et grands, jeunes et vieux, tout en convient, jusqu'aux femmes, il n'y a qu'un cri là-dessus. Quand on me donna à vous, que me dit-on ? Vous allez servir une dame charmante. Quand je vous vis, comment vous trouvai-je ? Charmante. Ceux qui viennent ici, ceux qui vous rencontrent, comment vous trouvent-ils ? Charmante. À la ville, aux champs, c'est le même écho, partout charmante, que diantre y a-t-il rien de plus confirmé, de plus prouvé, de plus indubitable ?

LA MARQUISE

Il est vrai qu'on ne dit point cela d'une figure ordinaire ; mais tu vois pourtant ce qui m'arrive ?

LISETTE, *en colère.*

Pardi, vous avez un furieux penchant à vous rabaisser, je n'y saurais tenir ; la petite opinion que vous avez de vous est insupportable.

LA MARQUISE

Ta colère me divertit.

LISETTE

Tenez, il vous est venu tantôt compagnie, il y avait des hommes et des femmes, j'étais dans la salle d'en bas quand ils sont descendus, j'entendais ce qu'ils disaient ; ils parlaient de vous, et précisément de beauté, d'agréments.

LA MARQUISE

En descendant?

LISETTE

Oui, en descendant; mais il faudra que votre misanthrope les redresse, car ils étaient aussi sots que moi.

LA MARQUISE

Et que disaient-ils donc?

LISETTE

Des bêtises; ils n'avaient pas le sens commun; c'étaient des yeux fins, un regard vif, une bouche, un sourire, un teint, des grâces[1], enfin des visions, des chimères.

LA MARQUISE

Et ils ne te voyaient point?

LISETTE

Oh! Vous me feriez mourir; la porte était fermée sur moi.

LA MARQUISE

Quelqu'un de mes gens pouvait être là; ce n'est pas par vanité, au reste, que je suis en peine de savoir ce qui en est; car est-ce par là qu'on vaut quelque chose? Non, c'est qu'il est bon de se connaître. Mais voici le plus hardi de mes flatteurs.

LISETTE

Il n'en est pas moins outré des impertinences de Frontin dont il a été témoin.

SCÈNE XVI

LA MARQUISE, DORANTE, LISETTE

LA MARQUISE

Eh bien, Monsieur, prétendez-vous que je vous passe[1] encore vos soupirs, vos *je vous adore*, vos enchantements[2] sur ma personne ? Venez-vous encore m'entretenir de mes appas ? J'ai interrogé un homme vrai pour achever de vous connaître, j'ai vu Ergaste ; allez savoir ce qu'il pense de moi ; il vous dira si je dois être contente du sot amour-propre que vous m'avez supposé par toutes vos exagérations.

LISETTE

Allez, Monsieur, il vous apprendra que Madame est laide.

DORANTE

Comment ?

LISETTE

Oui, laide, c'est une nouvelle découverte ; à la vérité, cela ne se voit qu'avec les lunettes d'Ergaste.

LA MARQUISE

Il n'est pas question de plaisanter, peu m'importe ce que je suis à cet égard ; ce n'est pas l'intérêt que j'y prends qui me fait parler, pourvu que mes amis me croient le cœur bon et l'esprit bien fait, je les quitte du reste : mais qu'un homme que je voulais estimer, dont je voulais être sûre, m'ait regardée comme une femme dont il croyait que ses flatteries démonteraient la petite cervelle ! voilà ce que je lui reproche.

DORANTE, *vivement*.

Et moi, Madame, je vous déclare que ce n'est plus ni vous ni vos grâces que je défends ; vous êtes fort libre de penser de vous ce qu'il vous plaira, je ne m'y oppose point ; mais je ne suis ni un adulateur ni un visionnaire, j'ai les yeux bons, j'ai le jugement sain, je sais rendre justice ; et je soutiens que vous êtes une des femmes du monde, la plus aimable, la plus touchante[1], je soutiens qu'il n'y aura point de contradiction là-dessus ; et tout ce qui me fâche en le disant, c'est que je ne saurais le soutenir sans faire l'éloge d'une personne qui m'outrage, et que je n'ai nulle envie de louer.

LISETTE

Je suis de même, on est fâché du bien qu'on dit d'elle.

LA MARQUISE

Mais comment se peut-il qu'Ergaste me trouve difforme et vous charmante ? Comment cela se peut-il ? C'est pour votre honneur que j'insiste ; les sentiments varient-ils jusque-là ? Ce n'est jamais que du plus au moins qu'on diffère, mais du blanc au noir ? du tout au rien ? je m'y perds.

DORANTE, *vivement*.

Ergaste est un extravagant, la tête lui tourne ; cet esprit-là ne fera pas bonne fin.

LISETTE

Lui ? Je ne lui donne pas six mois sans avoir besoin d'être enfermé.

DORANTE

Parlez, Madame, car je suis piqué[1], c'est votre sincérité que j'interroge : vous êtes-vous jamais présentée nulle part, au spectacle, en compagnie, que vous n'ayez fixé les yeux de tout le monde, qu'on ne vous y ait distinguée ?

LA MARQUISE

Mais... Qu'on ne m'ait distinguée...

DORANTE

Oui, Madame, oui, je m'en fierai à ce que vous en savez, je ne vous crois pas capable de me tromper.

LISETTE

Voyons comment Madame se tirera de ce pas-ci. Il faut répondre.

LA MARQUISE

Hé bien ! J'avoue que la question m'embarrasse.

DORANTE

Eh ! morbleu ! Madame, pourquoi me condamnez-vous donc ?

LA MARQUISE

Mais cet Ergaste ?

LISETTE

Mais cet Ergaste est si hypocondre, qu'il a l'extravagance de trouver Araminte mieux que vous.

DORANTE

Et cette Araminte est si dupe, qu'elle en est émue, qu'elle se rengorge, et s'en estime plus qu'à l'ordinaire.

LA MARQUISE

Tout de bon ? Cette pauvre petite femme ! Ah, ah, ah, ah !... Je voudrais bien voir l'air qu'elle a dans sa nouvelle fortune. Elle est donc bien gonflée[1] ?

DORANTE

Ma foi, je l'excuse ; il n'y a point de femme, en pareil cas, qui ne se redressât aussi bien qu'elle[2].

LA MARQUISE

Taisez-vous, vous êtes un fripon ; peu s'en faut que je ne me redresse aussi, moi.

DORANTE

Je parle d'elle, Madame, et non pas de vous.

LA MARQUISE

Il est vrai que je me sens obligée de dire, pour votre justification, qu'on a toujours mis quelque différence entre elle et moi ; je ne serais pas de bonne foi si je le niais ; ce n'est pas qu'elle ne soit aimable.

DORANTE

Très aimable ; mais en fait de grâces, il y a bien des degrés.

LA MARQUISE

J'en conviens ; j'entends raison quand il faut.

DORANTE

Oui, quand on vous y force.

LA MARQUISE

Eh ! pourquoi est-ce que je dispute ? Ce n'est pas pour moi, c'est pour vous ; je ne demande pas mieux que d'avoir tort pour être satisfaite de votre caractère.

DORANTE

Ce n'est pas que vous n'ayez vos défauts. Vous en avez ; car je suis sincère aussi, moi, sans me vanter de l'être.

LA MARQUISE, *étonnée.*

Ah, ah ! Mais vous me charmez, Dorante[1] ; je ne vous connaissais pas. Hé bien ! Ces défauts, je veux que vous me les disiez, au moins. Voyons.

DORANTE

Oh ! Voyons. Est-il permis, par exemple, avec une figure[2] aussi distinguée que la vôtre, et faite au tour, est-il permis de vous négliger quelquefois autant que vous le faites ?

LA MARQUISE

Que voulez-vous ? C'est distraction, c'est souvent pur oubli de moi-même.

DORANTE

Tant pis ; ce matin encore vous marchiez toute courbée, pliée en deux, comme une femme de quatre-vingts ans, et cela avec la plus belle taille du monde !

LISETTE

Oh, oui. Le plus souvent cela va comme cela peut.

LA MARQUISE

Hé bien ! Tu vois, Lisette, en bon français, il me dit que je ressemble à une vieille, que je suis contrefaite, que j'ai mauvaise façon, et je ne m'en fâche pas[1], je l'en remercie ; d'où vient[2] ? C'est qu'il a raison et qu'il parle juste.

DORANTE

J'ai eu mille fois envie de[3] vous dire comme aux enfants : Tenez-vous droite.

LA MARQUISE

Vous ferez fort bien ; je ne vous rendais pas justice, Dorante, et encore une fois il faut vous connaître ; je doutais même que vous m'aimassiez, et je résistais à mon penchant pour vous.

DORANTE

Ah, Marquise !

LA MARQUISE

Oui, j'y résistais : mais j'ouvre les yeux, et tout à l'heure vous allez être vengé. Écoutez-moi, Lisette, le notaire d'ici est actuellement dans mon cabinet qui m'arrange des papiers, allez lui dire qu'il tienne tout prêt un contrat de mariage. *(À Dorante :)* Voulez-vous bien qu'il le remplisse de votre nom et du mien, Dorante ?

DORANTE, *lui baisant la main.*

Vous me transportez, Madame !

LA MARQUISE

Il y a longtemps que cela devrait être fait. Allez, Lisette, et approchez-moi cette table ; y a-t-il dessus tout ce qu'il faut pour écrire ?

LISETTE

Oui, Madame, voilà la table, et je cours au notaire.

LA MARQUISE

N'est-ce pas Araminte que je vois ? Que vient-elle nous dire ?

SCÈNE XVII

ARAMINTE, LA MARQUISE, DORANTE

ARAMINTE, *en riant*[1].

Marquise, je viens rire avec vous d'un discours sans jugement, qu'un valet a tenu, et dont je sais que vous êtes informée. Je vous dirais bien que je le désavoue, mais je pense qu'il n'en est pas besoin ; vous me faites apparemment la justice de croire que je me connais, et que je sais à quoi m'en tenir sur pareille folie.

LA MARQUISE

De grâce, permettez-moi d'écrire un petit billet qui presse ; il n'interrompra point notre entretien[1].

ARAMINTE

Que je ne vous gêne point.

LA MARQUISE, *écrivant.*

Ne parlez-vous pas de ce qui s'est passé tantôt devant vous, Madame ?

ARAMINTE

De cela même.

LA MARQUISE

Hé bien, il n'y a plus qu'à vous féliciter de votre bonne fortune. Tout ce qu'on y pourrait souhaiter de plus, c'est qu'Ergaste fût un meilleur juge.

ARAMINTE

C'est donc par modestie que vous vous méfiez de son jugement ; car il vous a traitée plus favorablement que moi : il a décidé que vous plaisiez davantage, et je changerais bien mon partage contre vous.

LA MARQUISE

Oui-da, je sais qu'il vous trouve régulière, mais point touchante ; c'est-à-dire que j'ai des grâces, et vous des traits : mais je n'ai pas plus de foi à mon partage qu'au vôtre ; je dis le vôtre *(elle se lève après avoir plié son billet)* parce qu'entre nous nous savons que nous ne sommes belles ni l'une ni l'autre.

ARAMINTE

Je croirais assez la moitié de ce que vous dites[1].

LA MARQUISE, *plaisantant.*

La moitié !

DORANTE, *les interrompant.*

Madame, vous faut-il quelqu'un pour donner votre billet ? Souhaitez-vous que j'appelle ?

LA MARQUISE

Non, je vais le donner moi-même. *(À Araminte :)* Pardonnez si je vous quitte, Madame ; j'en agis sans façon.

SCÈNE XVIII

ERGASTE, ARAMINTE

ERGASTE

Je ne sais si je dois me présenter devant vous.

ARAMINTE

Je ne sais pas trop si je dois vous regarder moi-même. Mais d'où vient que vous hésitez ?

ERGASTE

C'est que mon peu de mérite et ma mauvaise façon m'intimident ; car je sais toutes mes vérités, on me les a dites.

ARAMINTE

J'avoue que vous avez bien des défauts.

ERGASTE

Auriez-vous le courage de me les passer ?

ARAMINTE

Vous êtes un homme si particulier[1] !

ERGASTE

D'accord.

ARAMINTE

Un enfant sait mieux ce qu'il vaut, se connaît mieux que vous ne vous connaissez.

ERGASTE

Ah, que me voilà bien !

ARAMINTE

Défiant sur le bien qu'on vous veut, jusqu'à en être ridicule.

ERGASTE

C'est que je ne mérite pas qu'on m'en veuille.

ARAMINTE

Toujours concluant que vous déplaisez.

ERGASTE

Et que je déplairai toujours.

ARAMINTE

Et par là toujours ennemi de vous-même : en voici une preuve, je gage que vous m'aimiez, quand vous m'avez quittée ?

ERGASTE

Cela n'est pas douteux. Je ne l'ai cru autrement que par pure imbécillité.

ARAMINTE

Et qui plus est, c'est que vous m'aimez encore, c'est que vous n'avez pas cessé d'un instant.

ERGASTE

Pas une minute.

SCÈNE XIX

ARAMINTE, ERGASTE, LISETTE

LISETTE, *donnant un billet à Ergaste.*

Tenez, Monsieur, voilà ce qu'on vous envoie.

ERGASTE

De quelle part ?

LISETTE

De celle de ma maîtresse.

ERGASTE

Hé, où est-elle donc ?

LISETTE

Dans son cabinet, d'où elle vous fait ses compliments.

ERGASTE

Dites-lui que je les lui rends dans la salle où je suis.

LISETTE

Ouvrez, ouvrez.

ERGASTE, *lit.*

Vous n'êtes pas au fait de mon caractère, je ne suis peut-être pas mieux au fait du vôtre; quittons-nous, Monsieur, actuellement nous n'avons point d'autre parti à prendre.

ERGASTE, *rendant le billet.*

Le conseil est bon, je vais dans un moment l'assurer de ma parfaite obéissance.

LISETTE

Ce n'est pas la peine, vous l'allez voir paraître, et je ne suis envoyée que pour vous préparer sur votre disgrâce.

SCÈNE XX

ERGASTE, ARAMINTE

ERGASTE

Madame, j'ai encore une chose à vous dire.

ARAMINTE

Quoi donc?

ERGASTE

Je soupçonne que le notaire est là-dedans qui passe un contrat de mariage; n'écrira-t-il rien en ma faveur?

ARAMINTE

En votre faveur? mais vous êtes bien hardi, vous avez donc compté que je vous pardonnerais?

ERGASTE

Je ne le mérite pas.

ARAMINTE

Cela est vrai, et je ne vous aime plus; mais quand le notaire viendra, nous verrons.

SCÈNE DERNIÈRE

LA MARQUISE, ERGASTE, ARAMINTE,
DORANTE, LISETTE, FRONTIN

LA MARQUISE

Ergaste, ce que je vais vous dire vous surprendra peut-être; c'est que je me marie, n'en serez-vous point fâché?

ERGASTE

Eh non, Madame, mais à qui?

LA MARQUISE, *donnant la main à Dorante
qui la baise.*

Ce que vous voyez vous le dit.

ERGASTE

Ah, Dorante, que j'en ai de joie !

LA MARQUISE

Notre contrat de mariage est passé.

ERGASTE

C'est fort bien fait. *(À Araminte.)* Madame, dirai-je aussi que je me marie ?

LA MARQUISE

Vous vous mariez ? à qui donc ?

ARAMINTE, *donnant la main à Ergaste.*

Tenez, voilà de quoi répondre.

ERGASTE, *lui baisant la main.*

Ceci vous l'apprend, Marquise, on me fait grâce, tout fluet que je suis.

LA MARQUISE, *avec joie.*

Quoi ! c'est Araminte que vous épousez ?

ARAMINTE

Notre contrat était presque passé avant le vôtre.

ERGASTE

Oui, c'est Madame que j'aime, que j'aimais, et que j'ai toujours aimée, qui plus est.

LA MARQUISE

Ah, la comique aventure ! Je ne vous aimais pas non plus, Ergaste, je ne vous aimais pas, je me trompais, tout mon penchant était pour Dorante.

DORANTE, *lui prenant la main.*

Et tout mon cœur ne sera jamais qu'à vous.

ERGASTE, *reprenant la main d'Araminte.*

Et jamais vous ne sortirez du mien.

LA MARQUISE, *riant.*

Ha, ha, ha, nous avons pris un plaisant détour pour arriver là ! Allons, belle Araminte, passons dans mon cabinet, pour signer, et ne songeons qu'à nous réjouir.

FRONTIN

Enfin nous voilà délivrés l'un de l'autre, j'ai envie de t'embrasser de joie.

LISETTE

Non, cela serait trop fort pour moi ; mais je te permets de baiser ma main, pendant que je détourne la tête.

FRONTIN, *se cachant avec son chapeau.*

Non, voilà mon transport passé, et je te salue en détournant la mienne.

Les Acteurs de bonne foi

COMÉDIE EN UN ACTE

PERSONNAGES[1]

MADAME ARGANTE, *mère d'Angélique.*
MADAME HAMELIN, *tante d'Éraste.*
ARAMINTE, *amie commune.*
ÉRASTE, *neveu de madame Hamelin, amant*[2] *d'Angélique.*
ANGÉLIQUE, *fille de madame Argante.*
MERLIN, *valet de chambre d'Éraste, amant de Lisette.*
LISETTE, *suivante d'Angélique.*
BLAISE, *fils du fermier de madame Argante, amant de Colette.*
COLETTE, *fille du jardinier.*
UN NOTAIRE *de village.*

La scène est dans une maison de campagne de madame Argante.

SCÈNE PREMIÈRE

ÉRASTE, MERLIN

MERLIN

Oui Monsieur, tout sera prêt, vous n'avez qu'à faire mettre la salle en état, à trois heures après midi, je vous garantis que je vous donnerai la comédie.

ÉRASTE

Tu feras grand plaisir à madame Hamelin qui s'y attend avec impatience, et de mon côté je suis ravi de lui procurer ce petit divertissement; je lui dois bien des attentions, tu vois ce qu'elle fait pour moi, je ne suis que son neveu, et elle me donne tout son bien pour me marier avec Angélique que j'aime, pourrait-elle me traiter mieux quand je serais son fils?

MERLIN

Allons, il en faut convenir, c'est la meilleure de toutes les tantes du monde, et vous avez raison, il n'y aurait pas plus de profit à l'avoir pour mère.

ÉRASTE

Mais, dis-moi, cette comédie dont tu nous régales, est-elle divertissante ; tu as de l'esprit, mais en as-tu assez pour avoir fait quelque chose de passable ?

MERLIN

Du passable, Monsieur, non, il n'est pas de mon ressort, les génies comme le mien ne connaissent pas le médiocre : tout ce qu'ils font est charmant, ou détestable ; j'excelle, ou je tombe, il n'y a jamais de milieu.

ÉRASTE

Ton génie me fait trembler[1].

MERLIN

Vous craignez que je ne tombe, mais rassurez-vous, avez-vous jamais acheté le recueil des chansons du Pont-Neuf[2] ? tout ce que vous y trouverez de beau est de moi. Il y en a surtout une demi-douzaine d'anacréontiques qui sont d'un goût...

ÉRASTE

D'anacréontiques, oh ! puisque tu connais ce mot-là[3], tu es habile[4], et je ne me méfie plus de toi, mais prends garde que madame Argante ne sache notre projet, madame Hamelin veut la surprendre.

MERLIN

Lisette, qui est des nôtres, a sans doute gardé le secret, mademoiselle Angélique votre future n'aura rien dit, de votre côté, vous vous êtes tu ; j'ai été discret, mes acteurs sont payés pour se taire, et nous surprendrons, Monsieur, nous surprendrons.

ÉRASTE

Et qui sont tes acteurs ?

MERLIN

Moi d'abord, je me nomme le premier pour vous inspirer de la confiance, ensuite Lisette, femme de chambre de mademoiselle Angélique, et suivante originale[1], Blaise, fils du fermier de madame Argante, Colette, amante dudit fils du fermier, et fille du jardinier.

ÉRASTE

Cela promet de quoi rire.

MERLIN

Et cela tiendra parole, j'y ai mis bon ordre ; si vous saviez le coup d'art qu'il y a dans ma pièce.

ÉRASTE

Dis-moi donc ce que c'est.

MERLIN

Nous jouerons à l'impromptu, Monsieur, à l'impromptu.

ÉRASTE

Que veux-tu dire à l'impromptu ?

MERLIN

Oui, je n'ai fourni que ce que nous autres beaux esprits appelons le canevas[2], la simple nature fournira les dialogues, et cette nature-là sera bouffonne

ÉRASTE

La plaisante espèce de comédie ! Elle pourra pourtant nous amuser.

MERLIN

Vous verrez, vous verrez ; j'oublie encore à vous dire une finesse de ma pièce, c'est que Colette qui doit faire mon amoureuse, et moi qui dois faire son amant, nous sommes convenus tous deux de voir un peu la mine que feront Lisette et Blaise, à toutes les tendresses naïves que nous prétendons nous dire, et le tout, pour éprouver s'ils n'en seront pas un peu alarmés et jaloux, car vous savez que Blaise doit épouser Colette, et que l'amour nous destine Lisette et moi l'un à l'autre. Mais Lisette, Blaise et Colette vont venir ici pour essayer leurs scènes, ce sont les principaux acteurs, j'ai voulu voir comment ils s'y prendront, laissez-moi les écouter, et les instruire, et retirez-vous, les voilà qui entrent.

ÉRASTE

[Adieu, fais-nous rire, on ne t'en demande pas davantage.]

SCÈNE II

LISETTE, COLETTE, BLAISE, MERLIN

MERLIN

Allons, mes enfants, je vous attendais, montrez-moi un petit échantillon de votre savoir-faire, et tâchons de gagner notre argent le mieux que nous pourrons : répétons.

LISETTE

Ce que j'aime de ta comédie, c'est que nous nous la donnerons à nous-mêmes, car je pense que nous allons tenir de jolis propos.

MERLIN

De très jolis propos, car dans le plan de ma pièce vous ne sortez point de votre caractère vous autres : toi, tu joues une maligne soubrette à qui l'on n'en fait point accroire, et te voilà ; Blaise a l'air d'un nigaud pris sans vert[1], et il en fait le rôle ; une petite coquette de village, et Colette, c'est la même chose ; un joli homme[2] et moi c'est tout un, un joli homme est inconstant, une coquette n'est pas fidèle, Colette trahit Blaise, je néglige ta flamme, Blaise est un sot qui en pleure, tu es une diablesse qui t'en mets en fureur, et voilà ma pièce, oh je défie qu'on arrange mieux les choses.

BLAISE

Oui, mais si ce que j'allons jouer allait être vrai, prenez garde au moins, il ne faut pas du tout de bon ; car j'aime Colette, dame.

MERLIN

À merveille, Blaise, je te demande ce ton de nigaud-là dans la pièce.

LISETTE

Écoutez, monsieur le joli homme, il a raison, que ceci ne passe point la raillerie, car je ne suis pas endurante, je vous en avertis.

MERLIN

Fort bien Lisette, il y a un aigre-doux dans ce ton-là qu'il faut conserver.

COLETTE

Allez, allez, mademoiselle Lisette, il n'y a rien à appriander pour vous, car vous êtes plus jolie que moi, monsieur Merlin le sait bien.

MERLIN

Courage, friponne, vous y êtes; c'est dans ce goût-là qu'il faut jouer votre rôle, allons, commençons à répéter.

LISETTE

C'est à nous deux à commencer, je crois.

MERLIN

Oui, nous sommes la première scène; asseyez-vous là vous autres, et nous débutons, tu es au fait, Lisette. *(Colette et Blaise s'assoient comme spectateurs d'une scène dont ils ne sont pas.)* Tu arrives sur le théâtre, et tu me trouves rêveur et distrait. Recule-toi un peu, pour me laisser prendre ma contenance.

SCÈNE III

MERLIN, LISETTE

LISETTE, *feignant d'arriver.*

Qu'avez-vous donc, monsieur Merlin, vous voilà bien pensif?

MERLIN

C'est que je me promène.

LISETTE

Et votre façon en vous promenant est-elle de ne pas regarder les gens qui vous abordent?

MERLIN

C'est que je suis distrait dans mes promenades.

LISETTE

Qu'est-ce que c'est que ce langage-là, il me paraît bien impertinent?

MERLIN, *interrompant la scène.*

Doucement, Lisette, tu me dis des injures au commencement de la scène, par où la finiras-tu?

LISETTE

Oh! ne t'attends pas à des régularités, je dis ce qui me vient; continuons.

MERLIN

Où en sommes-nous?

LISETTE

Je traitais ton langage d'impertinent.

MERLIN

Tiens, tu es de méchante humeur; passons notre chemin, ne nous parlons pas davantage.

LISETTE

Attendez-vous ici Colette, monsieur Merlin?

MERLIN

Cette question-là nous présage une querelle.

LISETTE

Tu n'en es pas encore où tu penses.

MERLIN

Je me contente de savoir que j'en suis où me voilà.

LISETTE

Je sais bien que tu me fuis, et que je t'ennuie depuis quelques jours.

MERLIN

Vous êtes si savante, qu'il n'y a pas moyen de vous instruire.

LISETTE

Comment faquin, tu ne prends pas seulement la peine de te défendre de ce que je dis là.

MERLIN

Je n'aime à contredire personne.

LISETTE

Viens çà, parle, avoue-moi que Colette te plaît.

MERLIN

Pourquoi veux-tu qu'elle me déplaise?

LISETTE

Avoue que tu l'aimes.

MERLIN

Je ne fais jamais de confidence.

LISETTE

Va, va, je n'ai pas besoin que tu me la fasses[1].

MERLIN

Ne me la demande donc pas.

LISETTE

Me quitter pour une petite villageoise !

MERLIN

Je ne te quitte pas, je ne bouge.

COLETTE, *interrompant de l'endroit où elle est assise.*

Oui, mais est-ce du jeu de me dire des injures en mon absence.

MERLIN, *fâché de l'interruption.*

Sans doute, ne voyez-vous pas bien que c'est une fille jalouse qui vous méprise ?

COLETTE

Eh bien ! quand ce sera à moi à dire, je prendrai ma revanche.

LISETTE

Et moi je ne sais plus où j'en suis.

MERLIN

Tu me querellais.

LISETTE

Et dis-moi[1], dans cette scène-là puis-je te battre ?

MERLIN

Comme tu n'es qu'une suivante, un coup de poing ne gâtera rien.

LISETTE

Reprenons donc afin que je le place.

MERLIN

Non, non, gardons le coup de poing pour la représentation, et supposons qu'il est donné, ce serait un double emploi qui est inutile.

LISETTE

Je crois aussi que je peux pleurer dans mon chagrin.

MERLIN

Sans difficulté ; n'y manque pas, mon mérite et ta vanité le veulent.

LISETTE, *éclatant de rire.*

Ton mérite qui le veut me fait rire ; *(et puis feignant de pleurer)* que je suis à plaindre d'avoir été sensible aux cajoleries de ce fourbe-là ! Adieu : voici la petite impertinente qui entre ; mais laisse-moi faire *(et en l'interrompant)* serait-il si mal de la battre un peu ?

COLETTE, *qui s'est levée.*

Non pas, s'il vous plaît, je ne veux pas que les coups en soient; je n'ai point affaire d'être battue pour une farce, encore si c'était vrai, je l'endurerais.

LISETTE

Voyez-vous la fine mouche.

MERLIN

Ne perdons point le temps à nous interrompre, va-t'en Lisette, voici Colette qui entre pendant que tu sors, et tu n'as plus que faire ici. Allons, poursuivons, reculez-vous un peu Colette, afin que j'aille au-devant de vous.

SCÈNE IV

MERLIN, COLETTE[1]

MERLIN

Bonjour, ma belle enfant, je suis bien sûr que ce n'est pas moi que vous cherchez ?

COLETTE

Non, monsieur Merlin, mais ça n'y fait rien, je suis bien aise de vous y trouver.

MERLIN

Et moi je suis charmé de vous rencontrer Colette.

COLETTE

Ça est bien obligeant.

MERLIN

Ne vous êtes-vous pas aperçu[1] du plaisir que j'ai à vous voir?

COLETTE

Oui, mais je n'ose pas bonnement m'apercevoir de ce plaisir-là, à cause que j'y en prenrais aussi.

MERLIN, *interrompant.*

Doucement Colette, il n'est pas décent de vous déclarer si vite.

COLETTE

Dame, comme il faut avoir de l'amiquié pour vous dans cette affaire-là, j'ai cru qu'il n'y avait point de temps à perdre.

MERLIN

Attendez que je me déclare tout à fait moi.

BLAISE, *interrompant de son siège.*

Voyez en effet comme alle se presse, an dirait qu'alle y va de bon jeu, je crois que ça m'annonce du guignon.

LISETTE, *assise, et interrompant.*

Je n'aime pas trop cette saillie-là, non plus.

MERLIN

C'est qu'elle ne sait pas mieux faire.

COLETTE

Et bien velà ma pensée tout sans dessus dessous[2],

pisqu'ils me blâmont, je sis trop timide pour aller en avant, s'ils ne s'en vont pas.

MERLIN

Éloignez-vous donc pour l'encourager.

BLAISE, *se levant de son siège.*

Non morguié je ne veux pas qu'alle ait du courage moi, je veux tout entendre.

LISETTE, *assise et interrompant.*

Il est vrai, ma mie, que vous êtes plaisante de vouloir que nous nous en allions.

COLETTE

Pourquoi aussi me chicanez-vous ?

BLAISE, *interrompant, mais assis.*

Pourquoi te hâtes-tu tant d'être amoureuse de monsieur Merlin ? est-ce que tu en sens de l'amour ?

COLETTE

Mais vrament je sis bien obligée d'en sentir, pisque je sis obligée d'en prendre dans la comédie, comment voulez-vous que je fasse autrement ?

LISETTE, *assise interrompant.*

Comment, vous aimez réellement Merlin ?

COLETTE

Il faut bien, pisque c'est mon devoir.

MERLIN

Blaise et toi vous êtes de grands innocents tous

deux, ne voyez-vous pas qu'elle s'explique mal, ce n'est pas qu'elle m'aime tout de bon, elle veut dire seulement qu'elle doit faire semblant de m'aimer, n'est-ce pas Colette ?

COLETTE

Comme vous voudrez, monsieur Merlin.

MERLIN

Allons continuons, et attendez que je me déclare tout à fait, pour vous montrer sensible à mon amour.

COLETTE

J'attendrai monsieur Merlin, faites vite.

MERLIN, *recommençant la scène.*

Que vous êtes aimable, Colette, et que j'envie le sort de Blaise qui doit être votre mari !

COLETTE

Oh ! oh ! est-ce que vous m'aimez, monsieur Merlin ?

MERLIN

Il y a plus de huit jours que je cherche à vous le dire.

COLETTE

Queu dommage, car je nous accorderions bien tous deux.

MERLIN

Et pourquoi, Colette ?

COLETTE

C'est que si vous m'aimez, dame... dirai-je?

MERLIN

Sans doute.

COLETTE

C'est que, si vous m'aimez c'est bian fait, car il n'y a rian de pardu.

MERLIN

Quoi, chère Colette, votre cœur vous dit quelque chose pour moi?

COLETTE

Oh! il ne me dit pas quelque chose[1], il me dit tout à fait.

MERLIN

Que vous me charmez, bel enfant, donnez-moi votre jolie main, que je vous en remercie.

LISETTE, *interrompant.*

Je défends les mains.

COLETTE

Faut pourtant que j'en aye.

LISETTE

Oui, mais il n'est pas nécessaire qu'il les baise.

MERLIN

Entre amants les mains d'une maîtresse sont toujours de la conversation.

BLAISE

Ne permettez pas qu'elles en soyent[1], mademoiselle Lisette.

MERLIN

Ne vous fâchez pas, il n'y a qu'à supprimer cet endroit-là.

COLETTE

Ce n'est que des mains au bout du compte[2].

MERLIN

Je me contenterai de lui tenir la main de la mienne.

BLAISE

Ne faut pas magnier non plus, n'est-ce pas mademoiselle Lisette?

LISETTE

C'est le mieux.

MERLIN

Il n'y aura point assez de vif dans cette scène-là.

COLETTE

Je sis de votre avis monsieur Merlin, et je n'empêche pas les mains, moi.

MERLIN

Puisqu'on les trouve de trop, laissons-les, et revenons. *(Il recommence la scène.)* Vous m'aimez donc Colette, et cependant vous allez épouser Blaise.

COLETTE

Vrament ça me fâche assez, car ce n est pas moi qui le prends, c'est mon père et ma mère qui me le baillent.

BLAISE, *interrompant et pleurant.*

Me velà donc bien chanceux[1].

MERLIN

Tais-toi donc, tout ceci est de la scène, tu le sais bien.

BLAISE

C'est que je vais gager que ça est vrai.

mais partout il existe bien d'ambigue

MERLIN

Non, te dis-je, il faut ou quitter notre projet, ou le suivre, la récompense que madame Hamelin nous a promise, vaut bien la peine que nous la gagnions, je suis fâché d'avoir imaginé ce plan-là, mais je n'ai pas le temps d'en imaginer un autre, poursuivons.

COLETTE

Je le trouve bien joli, moi.

LISETTE

Je ne dis mot, mais je n'en pense pas moins : quoi qu'il en soit, allons notre chemin pour ne pas risquer notre argent.

l'argent > la vraisemblable, les faits

MERLIN, *recommençant la scène.*

Vous ne vous souciez donc pas de Blaise, Colette, puisqu'il n'y a que vos parents qui veulent que vous l'épousiez.

COLETTE

Non il ne me revient point, et si je pouvais par queuque manigance m'empêcher de l'avoir pour mon homme, je serais bientôt quitte de li, car il est si sot.

BLAISE, *interrompant assis.*

Morgué velà une vilaine comédie.

MERLIN, *à Blaise.*

Paix donc, *(à Colette)* vous n'avez qu'à dire à vos parents que vous ne l'aimez pas.

COLETTE

Bon je li ai[1] bien dit à li-même, et tout ça n'y fait rien.

BLAISE, *se levant pour interrompre.*

C'est la vérité qu'alle me l'a dit[2].

COLETTE, *continuant.*

Mais monsieur Merlin, si vous me demandiais en mariage, peut-être que vous m'auriais, seriez-vous fâché de m'avoir pour femme.

MERLIN

J'en serais ravi, mais il faut s'y prendre adroitement, à cause de Lisette, dont la méchanceté nous nuirait, et romprait nos mesures.

COLETTE

Si alle n'était pas ici, je varrions comme nous y prenre, fallait pas parmettre qu'alle nous écoutît.

LISETTE, *se levant pour interrompre.*

Que signifie donc ce que j'entends là, car enfin voilà un discours qui ne peut entrer dans la représentation de votre scène, puisque je ne serai pas présente quand vous la jouerez.

MERLIN

Tu n'y seras pas il est vrai, mais tu es actuellement devant ses yeux, et par méprise elle se règle là-dessus, n'as-tu jamais entendu parler d'un axiome qui dit que l'objet présente émeut la puissance, voilà pourquoi elle s'y trompe, si tu avais étudié, cela ne t'étonnerait pas[1]. À toi à présent, Blaise, c'est toi qui entres ici et qui viens nous interrompre, retire-toi à quatre pas, pour feindre que tu arrives, moi qui t'aperçois venir, je dis à Colette, voici Blaise qui arrive, ma chère Colette, remettons l'entretien à une autre fois, *(à Colette)* et retirez-vous.

BLAISE, *approchant pour entrer en scène.*

Je sis tout parturbé, moi je ne sais que dire.

MERLIN

Tu rencontres Colette sur ton chemin, et tu lui demandes d'avec qui elle sort.

BLAISE, *commençant la scène.*

D'où viens-tu donc Colette?

COLETTE

Eh! je viens d'où j'étais.

BLAISE

Comme tu me rudoyes[1].

COLETTE

Oh dame, accommode-toi, prends ou laisse, adieu.

SCÈNE V

MERLIN, BLAISE[2]

MERLIN, *interrompant la scène.*

C'est à cette heure à moi à qui[3] tu as à faire.

BLAISE

Tenez monsieur Merlin, je ne saurions endurer que vous m'escamotiais ma maîtresse.

MERLIN, *interrompant la scène.*

Tenez monsieur Merlin, est-ce comme cela qu'on commence une scène ; dans mes instructions je t'ai dit de me demander quel était mon entretien avec Colette.

BLAISE

Eh ! parguié ! ne le sais-je pas[4], pisque j'y étais ?

MERLIN

Souviens-toi donc que tu n'étais pas censé y être.

BLAISE, *recommençant.*

Eh bien, Colette était donc avec vous monsieur Merlin ?

MERLIN

Oui, nous ne faisions que de nous rencontrer.

BLAISE

On dit pourtant qu'ous en êtes amoureux monsieur Merlin, et ça me chagraine[1] entendez-vous, car elle sera mon accordée de mardi en huit.

COLETTE, *se levant et interrompant.*

Oh! sans vous interrompre, ça est remis de mardi en quinze[2], et d'ici à ce temps-là je verrons venir.

MERLIN

N'importe, cette erreur-là n'est ici d'aucune conséquence. *(Et reprenant la scène.)* Qui est-ce qui t'a dit, Blaise, que j'aime Colette ?

BLAISE

C'est vous qui le disiais tout à l'heure.

MERLIN, *interrompant la scène.*

Mais prends donc garde, souviens-toi encore une fois que tu n'y étais pas.

BLAISE

C'est donc mademoiselle Lisette qui me l'a appris, et qui vous donne aussi biaucoup de blâme de cette affaire-là, et la velà pour confirmer mon dire.

LISETTE, *d'un ton menaçant et interrompant.*

Va, va, j'en dirai mon sentiment après la comédie.

MERLIN

Nous ne ferons jamais rien de cette grue-là[1], il ne saurait perdre les objets de vue.

LISETTE

Continuez, continuez, dans la représentation il ne les verra pas, et cela le corrigera, quand un homme perd sa maîtresse, il lui est permis d'être distrait, monsieur Merlin.

BLAISE, *interrompant.*

Cette comédie-là n'est faite que pour nous planter là, mademoiselle Lisette.

COLETTE

Hé bien plante-moi là itou, toi Nicodème[2].

BLAISE, *pleurant.*

Morguié ce n'est pas comme ça qu'on en use avec un fiancé de la semaine qui vient.

COLETTE

Et moi je te dis que tu ne seras mon fiancé d'aucune semaine.

MERLIN

Adieu ma comédie, on m'avait promis dix pistoles[3] pour la faire jouer, et ce poltron-là me les vole comme s'il me les prenait dans ma poche.

COLETTE, *interrompant.*

Hé pardi monsieur Merlin, velà bian du tintamarre parce que vous avez de l'amiquié pour moi, et que je vous trouve agriable, et bian oui je lui plais, je nous plaisons tous deux, il est garçon, je sis fille, il est à marier, moi itou, il voulait de mademoiselle Lisette, il n'en veut pas[1], il la quitte, je te quitte, il me prend, je le prends, quant à ce qui est de vous autres, il n'y a que patience à prenre.

BLAISE

Velà de belles fiançailles.

LISETTE, *à Merlin en déchirant un papier.*

Tu te tais donc, fourbe, tiens voilà le cas que je fais du plan de ta comédie, tu mériterais d'être traité de même.

MERLIN

Mais, mes enfants, gagnons d'abord notre argent, et puis nous finirons nos débats

COLETTE

C'est bian dit, je nous querellerons après, c'est la même chose

LISETTE

Taisez-vous, petite impertinente.

COLETTE

Cette jalouse, comme elle est mal apprise.

MERLIN

Paix-là donc, paix.

COLETTE

Suis-je cause que je vaux mieux qu'elle?

LISETTE

Que cette petite paysanne-là ne m'échauffe pas les oreilles.

COLETTE

Mais voyez, je vous prie cette glorieuse[1] avec sa face de chambrière[2].

MERLIN

Le bruit que vous faites, va amasser tout le monde ici, et voilà déjà madame Argante qui accourt, je pense.

LISETTE, *en s'en allant.*

Adieu, fourbe.

MERLIN

L'épithète de folle m'acquittera, s'il te plaît, de celle de fourbe.

BLAISE

Je m'en vais itou me plaindre à un parent de la masque[3].

COLETTE

Je nous varrons tantôt monsieur Merlin, n'est-ce pas?

MERLIN

Oui Colette, et cela va à merveille, ces gens-là nous aiment, mais continuons encore de feindre.

COLETTE

Tant que vous voudrais, il n'y a pas de danger, pisqu'ils nous aimont tant.

SCÈNE VI

MADAME ARGANTE, ÉRASTE, MERLIN, ANGÉLIQUE

MADAME ARGANTE

Qu'est-ce que c'est donc que le bruit que j'entends, avec qui criais-tu tout à l'heure ?

MERLIN

Rien, c'est Blaise et Colette qui sortent d'ici avec Lisette, Madame.

MADAME ARGANTE

Et bien[1], est-ce qu'ils avaient querelle ensemble ? je veux savoir ce que c'est.

MERLIN

C'est qu'il s'agissait d'un petit dessein que... nous avions d'une petite idée qui nous était venue, et nous avons de la peine à faire un ensemble qui s'accorde, *(et montrant Éraste)* Monsieur vous dira ce que c'est.

ÉRASTE

Madame, il est question d'une bagatelle que vous saurez tantôt.

MADAME ARGANTE

Pourquoi m'en faire mystère à présent?

ÉRASTE

Puisqu'il faut vous le dire, c'est une petite pièce dont il est question.

MADAME ARGANTE

Une pièce de quoi?

MERLIN

C'est Madame une comédie, et nous vous ménagions le plaisir de la surprise.

ANGÉLIQUE

Et moi, j'avais promis à madame Hamelin, et à Éraste de ne vous en point parler, ma mère.

MADAME ARGANTE

Une comédie.

MERLIN

Oui une comédie dont je suis l'auteur, cela promet.

MADAME ARGANTE

Et pourquoi s'y battre?

MERLIN

On ne s'y bat pas, Madame, la bataille que vous avez entendue, n'était qu'un entracte; mes acteurs se sont brouillés dans l'intervalle de l'action, c'est la discorde qui est entrée dans la troupe, il n'y a rien là que de fort ordinaire, ils voulaient sauter du brodequin au cothurne et je vais tâcher de les ramener à des dispositions moins tragiques.

MADAME ARGANTE

Non, laissons là tes dispositions moins tragiques, et supprimons ce divertissement-là. Éraste, vous n'y avez pas songé, la comédie chez une femme de mon âge, cela serait ridicule.

ÉRASTE

C'est la chose du monde la plus innocente, Madame, et d'ailleurs madame Hamelin se faisait une joie de la voir exécuter.

MERLIN

C'est elle qui nous paye pour la mettre en état, et moi qui vous parle, j'ai déjà reçu des arrhes, ma marchandise est vendue, il faut que je la livre, et vous ne sauriez en conscience rompre un marché conclu, Madame ; il faudrait que je restituasse, et j'ai pris des arrangements qui ne me le permettent plus.

MADAME ARGANTE

Ne te mets point en peine, je vous dédommagerai vous autres.

MERLIN

Sans compter douze sous qu'il m'en coûte pour un moucheur de chandelles que j'ai arrêté, trois bouteilles de vin que j'ai avancées aux ménétriers du village pour former mon orchestre, quatre que j'ai donné parole de boire avec eux immédiatement après la représentation, une demi-main de papier que j'ai barbouillée pour mettre mon canevas bien au net.

MADAME ARGANTE

Tu n'y perdras rien, te dis-je; voici madame Hamelin, et vous allez voir qu'elle sera de mon avis.

SCÈNE VII

MADAME HAMELIN, MADAME ARGANTE, ANGÉLIQUE, ÉRASTE, MERLIN

MADAME ARGANTE, *à madame Hamelin.*

Vous ne devinerez pas, Madame, ce que ces jeunes gens nous préparaient? une comédie de la façon de monsieur Merlin : ils m'ont dit que vous le savez, mais je suis bien sûre que non.

MADAME HAMELIN

C'est moi à qui l'idée en est venue.

MADAME ARGANTE

À vous, Madame !

MADAME HAMELIN

Oui, vous saurez que j'aime à rire, et vous verrez que cela nous divertira ; mais j'avais expressément défendu qu'on vous le dît.

MADAME ARGANTE

Je l'ai appris par le bruit qu'on faisait dans cette salle : mais j'ai une grâce à vous demander, Madame, c'est que vous ayez la bonté d'abandonner le projet à cause de moi, dont l'âge et le caractère......

MADAME HAMELIN

Ha, voilà qui est fini, Madame, ne vous alarmez point, c'en est fait, il n'en est plus question.

MADAME ARGANTE

Je vous en rends mille grâces, et je vous avoue que j'en craignais l'exécution.

MADAME HAMELIN

Je suis fâchée de l'inquiétude que vous en avez prise.

MADAME ARGANTE

Je vais rejoindre la compagnie[1] avec ma fille ; n'y venez-vous pas ?

MADAME HAMELIN

Dans un moment.

ANGÉLIQUE, *à part à madame Argante.*

Madame Hamelin n'est pas contente, ma mère.

MADAME ARGANTE, *à part le premier mot.*

Taisez-vous. *(À madame Hamelin.)* Adieu, Madame, venez donc nous retrouver.

MADAME HAMELIN, *à Éraste.*

Oui, oui. Mon neveu, quand vous aurez mené madame Argante, venez me parler.

ÉRASTE

Sur-le-champ, Madame.

MERLIN

J'en serai donc réduit à l'impression, quel dommage[1] !

Angélique et Merlin sortent avec madame Argante.

SCÈNE VIII

MADAME HAMELIN, ARAMINTE

MADAME HAMELIN, *un moment seule.*

Vous avez pourtant beau dire, madame Argante, j'ai voulu rire, et je rirai.

ARAMINTE

Eh bien, ma chère, où en est notre comédie, va-t-on la jouer ?

MADAME HAMELIN

Non, madame Argante veut qu'on rende l'argent à la porte.

ARAMINTE

Comment ! elle s'oppose à ce qu'on la joue ?

MADAME HAMELIN

Sans doute : on la jouera pourtant, ou celle-ci, ou une autre ; tout ce qui arrivera de ceci, c'est qu'au lieu de la lui donner, il faudra qu'elle me la donne et qu'elle la joue, qui pis est, et je vous prie de m'y aider.

ARAMINTE

Il sera curieux de la voir monter sur le théâtre ; quant à moi, je ne suis bonne qu'à me tenir dans ma loge.

MADAME HAMELIN

Écoutez-moi, je vais feindre d'être si rebutée du peu de complaisance qu'on a pour moi, que je paraîtrai renoncer au mariage de mon neveu avec Angélique.

ARAMINTE

Votre neveu est en effet un si grand parti pour elle.....

MADAME HAMELIN, *en riant.*

Que la mère n'avait osé espérer que je consentisse ; jugez de la peur qu'elle aura, et des démarches qu'elle va faire, jouera-t-elle bien son rôle ?

ARAMINTE

Oh ! d'après nature.

MADAME HAMELIN

Mon neveu et sa maîtresse seront-ils de leur côté de bons acteurs, à votre avis ? car ils ne sauront pas que je me divertis, non plus que le reste des acteurs.

ARAMINTE

Cela sera plaisant, mais il n'y a que mon rôle qui m'embarrasse, à quoi puis-je vous être bonne ?

MADAME HAMELIN

Vous avez trois fois plus de bien qu'Angélique : vous êtes veuve, et encore jeune, vous m'avez fait confidence[1] de votre inclination pour mon neveu, tout est dit, vous n'avez qu'à vous conformer à ce que je vais faire : voici mon neveu, et c'est ici la première scène ; êtes-vous prête ?

ARAMINTE

Oui.

SCÈNE IX

MADAME HAMELIN, ARAMINTE, ÉRASTE

ÉRASTE

Vous m'avez ordonné de revenir, que me voulez-vous, Madame ? la compagnie vous attend.

MADAME HAMELIN

Qu'elle m'attende, mon neveu, je ne suis pas près de la rejoindre.

ÉRASTE

Vous me paraissez bien sérieuse, Madame, de quoi s'agit-il ?

MADAME HAMELIN, *montrant Araminte.*

Éraste, que pensez-vous de Madame ?

ÉRASTE

Moi, ce que tout le monde en pense, que Madame est fort aimable.

ARAMINTE

La réponse est flatteuse.

ÉRASTE

Elle est toute simple.

MADAME HAMELIN

Mon neveu, son cœur et sa main, joints à trente mille livres de rente[1], ne valent-ils pas bien qu'on s'attache à elle?

ÉRASTE

Y a-t-il quelqu'un à qui il soit besoin de persuader cette vérité-là.

MADAME HAMELIN

Je suis charmée de vous en voir si persuadé vous-même.

ÉRASTE

À propos de quoi en êtes-vous si charmée, Madame?

MADAME HAMELIN

C'est que je trouve à propos de vous marier avec elle.

ÉRASTE

Moi, ma tante, vous plaisantez, et je suis sûr que Madame ne serait pas de cet avis-là.

MADAME HAMELIN

C'est pourtant elle qui me le propose.

ÉRASTE, *surpris.*

De m'épouser, vous Madame ?

ARAMINTE

Pourquoi non, Éraste, cela me paraîtrait assez convenable, qu'en dites-vous ?

MADAME HAMELIN

Ce qu'il en dit, en êtes-vous en peine ?

ARAMINTE

Il ne répond pourtant rien.

MADAME HAMELIN

C'est d'étonnement et de joie, n'est-ce pas mon neveu ?

ÉRASTE

Madame……

MADAME HAMELIN

Quoi !

ÉRASTE

On n'épouse pas deux femmes.

MADAME HAMELIN

Où en prenez-vous deux, on ne vous parle que de Madame.

ARAMINTE

Et vous aurez la bonté de n'épouser que moi non plus, assurément.

ÉRASTE

Vous méritez un cœur tout entier, Madame, et vous savez que j'adore Angélique, qu'il m'est impossible d'aimer ailleurs.

ARAMINTE

Impossible, Éraste, impossible; oh! puisque vous le prenez sur ce ton-là, vous m'aimerez, s'il vous plaît.

ÉRASTE

Je ne m'y attends pas, Madame.

ARAMINTE

Vous m'aimerez, vous dis-je, on m'a promis votre cœur, et je prétends qu'on me le tienne, je crois que d'en donner deux cent mille écus[1], c'est le payer tout ce qu'il vaut, et qu'il y en a peu de ce prix-là.

ÉRASTE

Angélique l'estimerait davantage.

MADAME HAMELIN

Qu'elle l'estime ce qu'elle voudra, j'ai garanti que Madame l'aurait, il faut qu'elle l'ait, et que vous dégagiez ma parole.

ÉRASTE

Ah, Madame, voulez-vous me désespérer?

ARAMINTE

Comment donc, vous désespérer.

MADAME HAMELIN

Laissez-le dire. Courage mon neveu, courage.

ÉRASTE

Juste ciel !

SCÈNE X

MADAME HAMELIN, ARAMINTE,
MADAME ARGANTE, ANGÉLIQUE, ÉRASTE

MADAME ARGANTE

Je viens vous chercher, Madame, puisque vous ne venez pas ; mais que vois-je ? Éraste soupire, ses yeux sont mouillés de larmes, il paraît désolé, que lui est-il donc arrivé ?

MADAME HAMELIN

Rien que de fort heureux, quand il sera raisonnable ; au reste, Madame, j'allais vous informer que nous sommes sur notre départ, Araminte, mon neveu, et moi ; n'auriez-vous rien à mander à Paris ?

MADAME ARGANTE

À Paris ! quoi, est-ce que vous y allez, Madame ?

MADAME HAMELIN

Dans une heure.

MADAME ARGANTE

Vous plaisantez Madame, et ce mariage…

MADAME HAMELIN

Je pense que le mieux est de le laisser là ; le dégoût que vous avez marqué pour ce petit divertissement qui me flattait, m'a fait faire quelques réflexions. Vous êtes trop sérieuse pour moi ; j'aime la joie innocente, elle vous déplaît ; notre projet était de demeurer ensemble[1], nous pourrions ne nous pas convenir ; n'allons pas plus loin.

MADAME ARGANTE

Comment, une comédie de moins romprait un mariage, Madame ! eh, qu'on la joue, Madame, qu'à cela ne tienne, et si ce n'est pas assez, qu'on y joigne l'opéra, la foire, les marionnettes, et tout ce qu'il vous plaira, jusqu'aux parades[2].

MADAME HAMELIN

Non, le parti que je prends vous dispense de cet embarras-là ; nous n'en serons pas moins bonnes amies, s'il vous plaît, mais je viens de m'engager avec Araminte, et d'arrêter que mon neveu l'épousera.

MADAME ARGANTE

Araminte à votre neveu, Madame ! votre neveu épouser Araminte ! quoi, ce jeune homme ?

ARAMINTE

Que voulez-vous ; je suis à marier aussi bien qu'Angélique.

ANGÉLIQUE, *tristement.*

Éraste y consent-il ?

ÉRASTE

Vous voyez mon trouble, je ne sais plus où j'en suis.

ANGÉLIQUE

Est-ce là tout ce que vous répondez; emmenez-moi ma mère, retirons-nous, tout nous trahit.

ÉRASTE

Moi, vous trahir Angélique! moi qui ne vis que pour vous!

MADAME HAMELIN

Y songez-vous, mon neveu, de parler d'amour à une autre, en présence de Madame que je vous destine.

MADAME ARGANTE, *fortement*.

Mais en vérité, tout ceci n'est qu'un rêve.

[l'ambiguïté des événements]

MADAME HAMELIN

Nous sommes tous bien éveillés, je pense.

MADAME ARGANTE

Mais tant pis, Madame, tant pis, il n'y a qu'un rêve qui puisse rendre ceci pardonnable, absolument qu'un rêve que la représentation de votre misérable comédie va dissiper : allons vite, qu'on s'y prépare; on dit que la pièce est un impromptu, je veux y jouer moi-même; qu'on tâche de m'y ménager un rôle, jouons-y tous, et vous aussi ma fille.

ANGÉLIQUE

Laissons-les, ma mère, voilà tout ce qu'il nous reste.

MADAME ARGANTE

Je ne serai pas une grande actrice, mais je n'en serai que plus réjouissante.

MADAME HAMELIN

Vous joueriez à merveilles[1], Madame, et votre vivacité en est une preuve ; mais je ferais scrupule d'abaisser votre gravité jusque-là.

MADAME ARGANTE

Que cela ne vous inquiète pas ; c'est Merlin qui est l'auteur de la pièce, je le vois qui passe, je vais la lui recommander[2] moi-même ; Merlin, Merlin, approchez.

MADAME HAMELIN

Eh ! non, Madame, je vous prie.

ÉRASTE, *à madame Hamelin.*

Souffrez qu'on la joue, Madame, voulez-vous qu'une comédie décide de mon sort, et que ma vie dépende de deux ou trois dialogues.

MADAME ARGANTE

Non, non, elle n'en dépendra pas.

SCÈNE XI

MADAME HAMELIN, ARAMINTE,
MADAME ARGANTE, ÉRASTE, ANGÉLIQUE,
MERLIN

MADAME ARGANTE, *continue.*

La comédie que vous nous destinez, est-elle bientôt prête ?

MERLIN

J'ai rassemblé tous nos acteurs, ils sont là, et nous allons achever de la répéter, si l'on veut.

MADAME ARGANTE

Qu'ils entrent.

MADAME HAMELIN

En vérité cela est inutile.

MADAME ARGANTE

Point du tout, Madame.

ARAMINTE

Je ne présume pas, quoi que l'on fasse, que Madame veuille rompre l'engagement qu'elle a pris avec moi ; la comédie se jouera quand on voudra, mais Éraste m'épousera, s'il vous plaît.

MADAME ARGANTE

Vous, Madame, avec vos quarante ans ! il n'en sera rien, s'il vous plaît, vous-même, et je vous le dis tout franc, vous avez là un très mauvais procédé, Madame ; vous êtes de nos amis, nous vous invitons au mariage de ma fille, et vous prétendez en faire le vôtre, et lui enlever son mari, malgré toute la répugnance qu'il en ait lui-même ; car il vous refuse, et vous sentez bien qu'il ne gagnerait pas au change ; en vérité vous n'êtes pas concevable, à quarante ans, lutter contre vingt, vous rêvez, Madame. Allons Merlin qu'on achève.

SCÈNE XII

TOUS LES ACTEURS

MADAME ARGANTE, *continue.*

J'ajoute dis pistoles[1] à ce qu'on vous a promis, pour vous exciter à bien faire. Asseyons-nous, Madame, et écoutons.

MADAME HAMELIN

Écoutons donc, puisque vous le voulez.

MERLIN

Avance, Blaise, reprenons où nous en étions ; tu te plaignais de ce que j'aime Colette, et c'est, dis-tu, Lisette qui te l'a appris.

BLAISE

Bon ! qu'est-ce que vous voulez que je dise davantage ?

MADAME ARGANTE

Vous plaît-il de continuer, Blaise ?

BLAISE

Non, noute mère m'a défendu de monter sur le thiâtre.

MADAME ARGANTE

Et moi je lui défends de vous en empêcher ; je vous sers de mère ici, c'est moi qui suis la vôtre.

BLAISE

Et au par-dessus on se raille de ma parsonne dans ce peste de jeu-là : noute maîtresse, Colette[1] y fait semblant d'avoir le cœur tendre pour monsieur Merlin, monsieur Merlin de l'y céder le sien, et maugré la comédie tout ça est vrai, noute maîtresse ; car ils font semblant de faire semblant, rien que pour nous en revendre, et ils ont tous deux la malice de s'aimer tout de bon en dépit de Lisette qui n'en tâtera que d'une dent, et en dépit de moi qui sis pourtant retenu pour gendre de mon biau-père.

Les dames rient.

MADAME ARGANTE

Hé, le butor ! on a bien affaire de vos bêtises, et vous Merlin de quoi vous avisez-vous d'aller faire une vérité d'une bouffonnerie ? laissez-lui sa Colette, et mettez-lui l'esprit en repos.

COLETTE

Oui, mais je ne veux pas qu'il me laisse moi, je veux qu'il me garde.

MADAME ARGANTE

Qu'est-ce que cela signifie, petite fille ? retirez-vous, puisque vous n'êtes pas de cette scène-ci, vous paraîtrez quand il sera temps ; continuez vous autres.

MERLIN

Allons, Blaise, tu me reproches que j'aime Colette.

BLAISE

Eh ! morguié est-ce que ça n'est pas vrai ?

MERLIN

Que veux-tu, mon enfant, elle est si jolie, que je n'ai pu m'en empêcher.

BLAISE, *à madame Argante.*

Hé bian, madame Argante, velà-t-il pas qu'il le confesse li-même ?

MADAME ARGANTE

Qu'est-ce que cela te fait, dès que ce n'est qu'une comédie ?

BLAISE

Je m'embarrasse morguié bian de la farce, qu'alle aille au guiable, et tout le monde avec.

MERLIN

Encore ?

MADAME ARGANTE

Quoi ! on ne parviendra pas à vous faire continuer.

MADAME HAMELIN

Hé, Madame ! laissez là ce pauvre garçon, vous voyez bien que le dialogue n'est pas son fort.

MADAME ARGANTE

Son fort ou son faible, Madame, je veux qu'il réponde ce qu'il sait, et comme il pourra.

COLETTE

Il braira tant qu'on voudra, mais c'est là tout.

BLAISE

Hé ! pardi, faut bian braire quand on en a sujet.

LISETTE

À quoi sert tout ce que vous faites là, Madame, quand on achèverait cette scène-ci, vous n'avez pas l'autre ; car c'est moi qui dois la jouer, et je n'en ferai rien.

MADAME ARGANTE

Oh ! vous la jouerez, je vous assure.

LISETTE

Ah ! nous verrons si on me fera jouer la comédie malgré moi.

SCÈNE DERNIÈRE

*Tous les acteurs de la scène précédente,
et* LE NOTAIRE, *qui arrive.*

LE NOTAIRE, *s'adressant à madame Hamelin.*

Voilà, Madame, le contrat que vous m'avez demandé, on y a exactement suivi vos intentions.

MADAME HAMELIN, *à Araminte bas.*

Faites comme si c'était le vôtre. *(À madame Argante.)* Ne voulez-vous pas bien honorer ce contrat-là de votre signature, Madame ?

MADAME ARGANTE

Et pour qui est-il donc, Madame ?

ARAMINTE

C'est celui d'Éraste et le mien.

MADAME ARGANTE

Moi signer votre contrat, Madame ! ah ! je n'aurai pas cet honneur-là, et vous aurez, s'il vous plaît, la bonté d'aller vous-même le signer ailleurs. *(Au notaire.)* Remportez, remportez cela, Monsieur, *(à madame Hamelin)* vous n'y songez pas, Madame, on n'a point ces procédés-là, jamais on n'en vit de pareils.

MADAME HAMELIN

Il m'a paru que je ne pouvais marier mon neveu chez vous, sans vous faire cette honnêteté-là, Madame, et je ne quitterai point que vous m'ayez signé, qui pis est ; car vous signerez.

MADAME ARGANTE

Oh! car il n'en sera rien[1], car je m'en vais.

MADAME HAMELIN, *l'empêchant.*

Vous resterez, s'il vous plaît, le contrat ne saurait se passer de vous. *(À Araminte.)* Aidez-moi, Madame, empêchons madame Argante de sortir.

ARAMINTE

Tenez ferme, je ne plierai point non plus.

MADAME ARGANTE

Où en sommes-nous donc, Mesdames, ne suis-je pas chez moi?

ÉRASTE

Hé! à quoi pensez-vous, Madame[2]? je mourrais moi-même plutôt que de signer.

MADAME HAMELIN

Vous signerez tout à l'heure[3], et nous signerons tous.

MADAME ARGANTE, *fâchée.*

Apparemment que Madame se donne ici la comédie, au défaut de celle qui lui a manqué.

MADAME HAMELIN, *riant.*

Ha, ha, ha. Vous avez raison, je ne veux rien perdre.

LE NOTAIRE

Accommodez-vous donc, Mesdames, car d'autres affaires m'appellent ailleurs. Au reste suivant toute apparence ce contrat est à présent inutile, et n'est plus conforme à vos intentions, puisque c'est celui qu'on a dressé hier, et qu'il est au nom de monsieur Éraste et de mademoiselle Angélique.

MADAME HAMELIN

Est-il vrai ? oh ! sur ce pied-là ce n'est pas la peine de le refaire, il faut le signer comme il est.

ÉRASTE

Qu'entends-je ?

MADAME ARGANTE

Ah, ah ! j'ai donc deviné, vous vous donniez la comédie, et je suis prise pour dupe : signons donc, vous êtes toutes deux de méchantes personnes.

ÉRASTE

Ah ! je respire.

ANGÉLIQUE

Qui l'aurait cru ! il n'y a plus qu'à rire[1].

ARAMINTE, *à madame Argante.*

Vous ne m'aimerez jamais tant que vous m'avez haïe. Mais mes quarante ans me restent sur le cœur, je n'en ai pourtant que trente-neuf et demi[2].

MADAME ARGANTE

Je vous en aurais donné cent dans ma colère, et je vous conseille de vous plaindre, après la scène que je viens de vous donner !

MADAME HAMELIN

Et le tout sans préjudice de la pièce de Merlin.

MADAME ARGANTE

Oh! je ne vous le disputerai plus, je n'en fais que rire, je soufflerai volontiers les acteurs, si l'on me fâche encore.

LISETTE

Vous voilà raccommodés, mais nous...

MERLIN

Ma foi, veux-tu que je te dise, nous nous régalions[1] nous-mêmes dans ma parade[2] pour jouir de toutes vos tendresses.

COLETTE

Blaise, la tienne est de bon acabit, j'en suis bien contente.

BLAISE, *sautant*.

Tout de bon? baille-moi donc une petite friandise[3] pour ma peine.

LISETTE

Pour moi, je t'aime toujours, mais tu me le paieras, car je ne t'épouserai de six mois.

MERLIN

Oh, je me fâcherai aussi moi.

MADAME ARGANTE

Va, va, abrège le terme, et le réduis à deux heures de temps, allons terminer.

DOSSIER

CHRONOLOGIE[1]

1688-1763

1688. 4 (?) février : naissance à Paris de Pierre Carlet, fils de Nicolas Carlet, ancien officier de la marine, trésorier des vivres en Allemagne, et de Marie-Anne Bullet, sœur de Pierre Bullet — architecte du roi, membre de l'Académie d'architecture —, et tante de Jean-Baptiste Bullet de Chamblain, architecte comme son père et futur membre de la même Académie.

1698. Fin décembre : Nicolas Carlet est nommé contrôleur-contregarde à la Monnaie de Riom. Il avait la protection, comme les Bullet, des ministres Pontchartrain et Chamillart. Il résidera désormais à Riom où sa femme et son fils le rejoignent. Le futur Marivaux fait très probablement ses études au collège des Oratoriens de cette ville.

1704. 20 juin : Nicolas Carlet est nommé directeur de la Monnaie de Riom après des années difficiles de conflit avec le personnel et des périodes de fermeture de l'établissement, conflits et interruptions qui se répéteront pendant les années suivantes.

1710. 30 novembre : Pierre Carlet, « *arvernus riomensis* », auvergnat de Riom, s'inscrit à la faculté de droit de Paris.

---

1. On trouvera une chronologie très détaillée dans l'édition du *Théâtre complet* de Marivaux par Henri Coulet et Michel Gilot, Gallimard, Bibliothèque de la Pléiade, 1993-1994, 2 volumes.

1711. 25 avril : Pierre Carlet s'inscrit de nouveau à la faculté de droit.
1712. Publication chez Pierre Huet, libraire récemment installé à Paris, d'une comédie en vers, *Le Père prudent et équitable ou Crispin l'heureux fourbe*, avec permission de Constant Du Masdubos, alors procureur de police à Limoges (et connu sans doute à Riom par Marivaux).
30 avril : troisième inscription de Pierre Carlet, « *parisiensis* », à la faculté de droit.
10 juillet : Fontenelle signe l'approbation d'un roman présenté à la censure le 14 avril par Marivaux, *Les Aventures de *** ou les Effets surprenants de la sympathie*. Pierre Huet obtiendra en août un privilège de trois ans pour l'édition de ce roman.
8 décembre : Pierre Prault présente à la censure *Pharsamon*, roman de Marivaux qui ne sera publié qu'en 1737. Approbation de Fontenelle en date du 22 janvier 1713.
1713. Au début de l'année, publication des tomes I et II des *Effets surprenants de la sympathie*.
11 mai : Pierre Huet présente à la censure *La Voiture embourbée*; approbation de Fontenelle en date du 31 août.
Juin : compte rendu des *Effets surprenants de la sympathie* dans le *Journal des savants*.
1714. Au début de l'année, publication chez Pierre Prault du *Bilboquet*, des trois derniers tomes des *Effets surprenants de la sympathie*, et de *La Voiture embourbée*.
24 juin : approbation (?) par le censeur Burette du *Télémaque travesti* (parodie du *Télémaque* de Fénelon), qui ne sera publié qu'en 1736 à Amsterdam.
1715. Marivaux a dû dès son arrivée à Paris fréquenter le groupe des Modernes, dont les principaux représentants étaient Fontenelle et Houdar de La Motte ; pendant la Régence, il lie amitié avec ceux qui, autour des Tencin, encouragent l'entreprise

financière de Law et soutiennent la lutte contre le jansénisme.

1716. Fin de l'année : publication chez Pierre Prault de *L'Homère travesti ou l'Illiade en vers burlesques*. L'épître dédicatoire au duc de Noailles, président du Conseil des finances, est signée « Carlet de Marivaux ».

1717. 7 juillet : mariage de Pierre Carlet de Marivaux et de Colombe Bollogne, née en 1683 ; Prosper Jolyot de Crébillon, l'auteur tragique, est un des témoins du marié.
Septembre-novembre : publication dans *Le Nouveau Mercure* des « Lettres sur les habitants de Paris ».

1718. 24 janvier : naissance de Colombe, fille de Marivaux.
Août-septembre : publication dans *Le Nouveau Mercure* de la « Suite des caractères » (c'est la suite des « Lettres sur les habitants de Paris »).

1719. Mars : *Le Nouveau Mercure* publie les « Pensées sur différents sujets : Sur la clarté du discours. Sur le sublime ».
14 avril : mort de Nicolas Carlet.
Juin : Marivaux demande à acquérir la charge de son père à Riom. Il ne l'obtiendra pas.
Novembre-décembre : *Le Nouveau Mercure* publie la « Lettre de M. de M*** contenant une aventure » et la « Suite de la lettre de M. de Marivaux ».

1720. Février-mars-avril : *Le Nouveau Mercure* publie les trois dernières livraisons des « Lettres contenant une aventure ».
3 mars : représentation unique de *L'Amour et la Vérité* (par Marivaux et Rustaing de Saint-Jorry) au Théâtre-Italien.
17 octobre : première représentation d'*Arlequin poli par l'amour* au Théâtre-Italien.
16 décembre : première représentation de *La Mort d'Hannibal*, tragédie, au Théâtre-Français. Elle avait été reçue par les Comédiens le 5 août de l'année précédente.

En ces années 1719-1720, Marivaux a placé des sommes importantes, venant de sa femme, dans une société d'agio créée par Mme de Tencin, et la faillite de Law les lui a fait perdre.

1721. 31 mai : Marivaux, qui s'est de nouveau inscrit à la faculté de droit, est reçu bachelier.

Juillet : publication de la première feuille du *Spectateur français*, périodique inspiré par le *Spectator* d'Addison et Steele ; en tout, vingt-cinq feuilles paraîtront à intervalles très irréguliers jusqu'à novembre 1724.

4 septembre : Marivaux est reçu licencié en droit au bénéfice de l'âge. Il n'est pas sûr qu'il ait été avocat ni qu'il ait jamais plaidé.

1722. 3 mai : première représentation de *La Surprise de l'amour* au Théâtre-Italien.

1723. 6 avril : première représentation de *La Double Inconstance* au Théâtre-Italien. Mort de la femme de Marivaux en cette année 1723 ou en 1724.

1724. 5 février : première représentation du *Prince travesti* au Théâtre-Italien.

8 juillet : première représentation de *La Fausse Suivante ou le Fourbe puni* au Théâtre-Italien.

2 décembre : première représentation du *Dénouement imprévu* au Théâtre-Français.

1725. 5 mars : première représentation de *L'Île des Esclaves* au Théâtre-Italien.

19 août : première représentation de *L'Héritier de village* au Théâtre-Italien.

1727. 2 février : *La Vie de Marianne ou les Aventures de Mme la Comtesse de **** est l'objet d'une demande d'approbation et de privilège présentée par la veuve Coutelier, libraire à Paris.

Fin mars-juillet : publication des sept feuilles de *L'Indigent philosophe*.

11 septembre : *Les Petits Hommes ou l'Île de la Raison* sont représentés au Théâtre-Français.

31 décembre : première représentation de *La Sur-*

prise de l'amour au Théâtre-Français. Cette comédie, qu'on appelle en général *La Seconde Surprise de l'amour*, avait été reçue le 30 janvier.

1728. 28 avril : première représentation du *Triomphe de Plutus* au Théâtre-Italien.

9 mai : approbation par la censure de la première partie de *La Vie de Marianne*.

1729. 18 juin : unique représentation de *La Nouvelle Colonie ou la Ligue des femmes* au Théâtre-Italien.

1730. 23 janvier : première représentation du *Jeu de l'amour et du hasard* au Théâtre-Italien.

1731. Fin du printemps : publication de la première partie de *La Vie de Marianne* chez Pierre Prault ; l'impression de la deuxième partie, dans sa version primitive dont on ne connaît qu'une page, avait été commencée.

5 novembre : première représentation de *La Réunion des Amours* au Théâtre-Français.

1732. 12 mars : première représentation du *Triomphe de l'amour* au Théâtre-Italien.

8 juin : première représentation des *Serments indiscrets* au Théâtre-Français. C'est la seule comédie de Marivaux en cinq actes. Elle avait été reçue en mars 1731.

25 juillet : première représentation de *L'École des mères* au Théâtre-Italien.

Décembre : le bruit court que Marivaux serait candidat à l'Académie française.

1733. 6 juin : première représentation de *L'Heureux Stratagème* au Théâtre-Italien.

12 juillet : mort de Mme de Lambert, dont Marivaux avait fréquenté le salon.

1734. Fin janvier : publication de la deuxième partie de *La Vie de Marianne*.

Janvier-avril : publication des onze feuilles du *Cabinet du philosophe*, dernier journal de Marivaux.

Avril : publication de la première partie du *Paysan*

parvenu, présentée à la censure le 16 mars; les quatre autres parties du roman paraîtront en juin, août et octobre de la même année et avril 1735.

16 août : première représentation de *La Méprise* au Théâtre-Italien.

6 novembre : première représentation, interrompue par les sifflets, du *Petit-maître corrigé* au Théâtre-Français.

1735. 9 mai : première représentation de *La Mère confidente* au Théâtre-Italien.

Novembre : publication de la troisième partie de *La Vie de Marianne*.

1736. Début : publication du *Télémaque travesti* (voir 1714).

Fin mars : publication de la quatrième partie de *La Vie de Marianne*.

11 juin : première représentation du *Legs* au Théâtre-Français.

Septembre : publication de la cinquième partie de *La Vie de Marianne*.

Novembre : publication de la sixième partie de *La Vie de Marianne*.

1737. Février : publication de la septième partie de *La Vie de Marianne*.

16 mars : première représentation des *Fausses Confidences* au Théâtre-Italien.

Janvier-juin : publication de *Pharsamon* (voir 1712).

Décembre : publication de la huitième partie de *La Vie de Marianne* à La Haye, la censure ayant reçu en France des instructions pour la proscription des romans.

1738. 7 juillet : première représentation de *La Joie imprévue* au Théâtre-Italien.

1739. 13 janvier : première représentation des *Sincères* au Théâtre-Italien.

19 août : mort de Thomassin, qui interpréta le rôle d'Arlequin dans toutes les comédies de Marivaux depuis *Arlequin poli par l'amour*.

1740. 19 novembre : première représentation de *L'Épreuve* au Théâtre-Italien.
1741. De cette année est datée la copie manuscrite de *La Commère*, comédie attribuée à Marivaux.
1742. Publication des livres IX, X et XI de *La Vie de Marianne*, à La Haye.
10 décembre : Marivaux est élu à l'Académie française ; Mme de Tencin avait vigoureusement soutenu sa candidature.
1743. 4 février : réception de Marivaux à l'Académie. L'archevêque de Sens, Languet de Gergy, répond à son discours de réception.
1744. À partir d'avril, Marivaux loge chez Mlle de Saint-Jean, rue Saint-Honoré.
25 août : Marivaux lit à l'Académie des « Réflexions » sur le progrès de l'esprit humain, qui seront publiées dans le *Mercure de France* en juin 1755 (sous le titre de « Réflexions sur Thucydide »).
19 octobre : unique représentation de *La Dispute* au Théâtre-Français.
1745. 6 avril : Colombe de Marivaux entre au noviciat de l'abbaye du Trésor dans le département actuel de l'Eure.
1746. 6 août : première représentation du *Préjugé vaincu* au Théâtre-Français.
7 octobre : acte d'examen de « Sœur Colombe Prospère de Marivaux » au monastère du Trésor.
1748. 4 avril : Marivaux lit à l'Académie des « Réflexions en forme de lettre sur l'esprit humain » (publiées en janvier 1755 dans le *Mercure de France* sous le titre du *Miroir*).
1749. 25 août : Marivaux lit à l'Académie le commencement des « Réflexions sur Corneille et sur Racine ».
25 septembre : Marivaux lit à l'Académie la suite des « Réflexions sur Corneille et sur Racine ».
4 décembre : mort de Mme de Tencin, amie de Marivaux depuis plus de trente ans.

1750. 25 août : Marivaux lit à l'Académie des « Réflexions sur les hommes de génie ». Le *Mercure de France* publiera en avril 1755 et décembre 1757 ces trois séries de « Réflexions » sous le titre de « Réflexions sur l'esprit humain à l'occasion de Corneille et de Racine ».

Décembre : le *Mercure de France* publie *La Colonie*, réfection de *La Nouvelle Colonie* de 1729.

1751. 25 août : Marivaux lit à l'Académie des « Réflexions sur les Romains et sur les anciens Perses » (publiées dans le *Mercure de France* d'octobre).

1754. Décembre : le *Mercure de France* publie « L'Éducation d'un prince, dialogue ».

1755. 24 et 25 août : représentations de *La Femme fidèle* chez le comte de Clermont, sur le théâtre champêtre de son château de Berny. Seuls quelques rôles de cette comédie ont été retrouvés.

1757. 5 mars : *Félicie*, comédie de Marivaux, est reçue au Théâtre-Français, mais ne sera jamais jouée. Le *Mercure de France* la publiera le même mois.

5 mai : *L'Amante frivole* est reçue au Théâtre-Français ; elle ne sera jamais jouée, et le texte en est perdu.

Octobre : Marivaux règle ses comptes avec Mlle de Saint-Jean ; ils se constituent chacun une rente annuelle, qui doit revenir en totalité au dernier vivant.

Novembre : *Le Conservateur* publie *Les Acteurs de bonne foi*.

1758. 20 janvier : Marivaux rédige son testament.

Septembre : mort de Silvia, actrice fétiche de Marivaux, âgée de cinquante-sept ans.

1761. Mai : le *Mercure de France* publie *La Provinciale*.

1763. 12 février : mort de Marivaux à Paris.

NOTICE

La comédie des *Sincères*, « représentée pour la première fois par les Comédiens-Italiens Ordinaires du Roi le 13 janvier 1739 », fut publiée dès 1739 chez Prault père, l'approbation du censeur La Serre étant du 28 janvier 1739 : Marivaux avait donc remis son manuscrit à la censure quelques jours seulement après la première représentation, la pièce, semble-t-il, eut peu de succès[1].

L'édition originale des *Acteurs de bonne foi* a paru dans le numéro de novembre 1757 (p. 3-60) du périodique mensuel *Le Conservateur ou Collection de Morceaux rares, et d'Ouvrages anciens, élagués, traduits et refaits en tout ou en partie*, publié à Paris chez Lambert.

La comédie fut insérée dans certains exemplaires du tome III des *Œuvres de Théâtre de M. de Marivaux*, éditées en 1758 par N.B. Duchesne ; Marivaux, malade, ne corrigea pas le texte[2], qui fut reproduit en 1781 dans le tome III des *Œuvres complètes* publiées chez la veuve Duchesne.

---

1. Les registres de la Comédie-Italienne pour l'année 1739 n'ont pas été retrouvés.
2. La pièce était anonyme dans *Le Conservateur* et précédée de l'avis suivant : « Voici une petite comédie qui n'a jamais paru et donc nous ne connaissons pas l'auteur. On nous l'a envoyée avec différents écrits sur toutes sortes de sujets, parmi lesquels nous avons encore trouvé une comédie intitulée *La Provinciale* que nous donnerons à son tour, si celle-ci ne déplaît pas » (*La Provinciale* sera publiée, encore sous l'anonymat, dans le *Mercure de France* d'avril 1761).

On a cru longtemps (voir encore les éditions du *Théâtre complet* par Frédéric Deloffre et Françoise Rubellin, Classiques Garnier, 1992, et par Henri Coulet et Michel Gilot, Gallimard, Bibliothèque de la Pléiade, 1994) que la pièce n'avait jamais été représentée du vivant de Marivaux ; mais une lettre de Mme de Graffigny à Devaux, datée du jeudi [31 octobre 1748] nous apprend que Marivaux lui-même avait lu sa pièce la veille « chez Nicole » et qu'il l'avait écrite « pour le théâtre de Mme de Mirepoix[1] ». Destinée à un théâtre privé, la pièce ne fut ni publiée en édition séparée, ni reprise par l'un des deux théâtres officiels, celui des Français ou celui des Italiens. *Les Sincères* et *Les Acteurs de bonne foi* furent oubliés jusqu'au XXe siècle, où ces comédies furent enfin remises en scène.

---

1. Mme de Graffigny, *Correspondance*, éd. English Showalter et al., Oxford, Voltaire Foundation, vol. IX (mars 1748-avril 1749), 2004, lettre 1316. Mme de Graffigny n'indique pas le titre de la comédie, elle ne dit rien non plus du rôle des maîtres ; le valet auteur de la comédie s'appelait Frontin, et Lisette s'appelait Marton. Cette première version de la comédie était sans doute assez différente de celle que nous pouvons lire. « Nicole » est l'actrice Jeanne Quinault, qui s'était retirée du théâtre ; elle réunissait dans son salon la « Société du bout du banc » à laquelle participait Marivaux.

LES SINCÈRES
ET *LES ACTEURS DE BONNE FOI*
À LA SCÈNE ET DEVANT LA CRITIQUE

LES SINCÈRES

Ils furent représentés avec succès au Nouveau Théâtre-Italien le 13 janvier 1739, mais accueillis froidement aux représentations suivantes, dont nous ignorons le nombre parce que les registres du Théâtre-Italien sont perdus pour cette période ; ce nombre ne fut certainement pas grand, et la pièce ne fut jamais reprise. Les comptes rendus de l'époque notent que cette comédie a des traits heureux, mais trop de conversation et trop peu d'action (*Mercure de France*, février 1739) ; que c'est « plutôt un ingénieux dialogue qu'une comédie », parce qu'on n'y voit pas « une intrigue, un nœud et un dénouement » (*Bibliothèque française*, t. XXIV, 1739) ; que les personnages n'en sont « que des êtres chimériques » (La Porte, *l'Observateur littéraire*, t. I, 1759) ; le marquis d'Argenson, qui, comme la plupart de ces journalistes, juge la pièce sur le texte imprimé, est d'accord avec eux : « Il y a presque toujours de l'esprit dans ce que donne cet auteur ; il y a celui de détail, il traite les petites choses avec génie et avec sublime ; de là vient peu d'intérêt dans ses pièces, et nul mouvement ; tout ce qui s'est passé tiendrait dans deux ou trois scènes. On a donc applaudi d'abord, puis la pièce est tombée après quelques représentations[1]. »

1. *Notices sur les œuvres de théâtre* (manuscrit de l'Arsenal, non daté, mais ces notices sont à peu près contemporaines de la représentation

Ce fut ensuite le silence pour plus d'un siècle et demi. Donnés en lever de rideau, comme « petite pièce », à l'Odéon en 1891, *Les Sincères* furent à peine remarqués, toute l'attention s'étant portée sur la pièce principale, *Amoureuse*, de Georges de Porto-Riche[1]. Xavier de Courville qui, dans sa Petite-Scène, avait entrepris, à partir de 1911, de présenter à un public limité l'ensemble du théâtre de Marivaux, donna *Les Sincères* en 1931. La pièce n'entra qu'en 1950 au répertoire de la Comédie-Française, elle y avait été portée par l'admiration de Véra Korène, qui y tint le rôle de la Marquise et avait elle-même conçu la mise en scène. Grande actrice de tragédie, Véra Korène n'était sans doute pas faite pour interpréter Marivaux. Son propre jugement sur la pièce est surprenant : « C'est une pièce vive d'expression et d'idées, qui frappe plus ceux qui pensent que ceux qui sentent. On n'y fait appel ni à l'imagination, ni à la passion » (*Le Figaro*, 12 septembre 1950). L'accueil, du moins celui de la critique, fut défavorable, à la mise en scène et à l'actrice, mais encore plus à la pièce elle-même : « Jamais sans doute Marivaux ne nous a offert en si peu de mots tant d'imparfaits du subjonctif » (J.-R. Jeener, *Le Figaro*, 14 septembre 1950) ; « Il n'y a pas de cœurs. Il y a des amours-propres et des coquetteries mâles et féminines. Dorante lui-même n'est amoureux que dans la mesure où l'intrigue l'exige » (Robert Kemp, *Le Monde*, 15 septembre 1950) ; « Le cœur est absent de ces feintes, de cet esprit, de ces abandons » (René Saurel, *Com-*

---

ou de l'édition des œuvres commentées), éditées par Henri Lagrave, *Voltaire and the Eighteenth Century*, XLII et XLIII, Genève, 1966. En 1739, les acteurs avaient été Silvia (La Marquise), Romagnesi (Dorante), la demoiselle Thomassin (Araminte) — c'était la fille du célèbre Arlequin Thomassin, si cher à Marivaux —, le sieur Riccoboni (Ergaste) — dit Lélio II, fils de Luigi Riccoboni —, la demoiselle Riccoboni (Lisette) — femme de Lélio II, et l'une des meilleures romancières du XVIIIe siècle —, le sieur Deshayes (Frontin).

1. Selon François de Roux (*Le Figaro littéraire*, 16 septembre 1950), ce petit acte était « tombé à l'Odéon dès la première représentation en 1891 ».

bat, 15 septembre 1950); « Acte peut-être injouable [...]. C'est que le cœur en est absent, que ces discoureurs feignent de s'aimer alors qu'ils sont totalement dépourvus de toute sensibilité » (Michel Déon, *Aspects de la France*, 6 octobre 1950). René Barjavel (*Carrefour*, 19 novembre 1950) est encore plus massacrant : « Les Sincères sont peints des couleurs les plus ternes [...]. Marivaux est le type même de l'auteur issu d'une société morte. Le signe de la décadence n'est pas le vice [...], mais l'inutilité [...]. Les personnages de Marivaux sont secs comme des momies [...]. L'homme est absent. »

L'opinion sur Marivaux avait heureusement évolué quand la pièce fut reprise en 1971 à la Comédie-Française, dans une mise en scène de Jean-Laurent Cochet[1]. Celui-ci déclara à *L'Aurore* (28 octobre 1971) : « Je considère qu'il y a dans *Les Sincères* la quintessence du théâtre de Marivaux. » Les poncifs sur le marivaudage n'ont pas disparu : « Aimable marivaudage », selon *La Revue moderne* (janvier 1972), les acteurs « marivaudent agréablement », selon les *Nouveaux jours* (15 novembre 1971), ou, plus agressivement, chez le chroniqueur de *Résonances* (Lyon, 1er novembre 1971) : « Maniéré et précieux. Sentiments passés à la poudre de riz, et dépassés surtout. On n'arrête pas de s'exprimer, de s'expliquer, de se redire infiniment. » Le mérite des interprètes était avant tout d'avoir fait apparaître que Marivaux est un auteur comique : « Ce que [Jean-Laurent Cochet] n'avait peut-être pas prévu, c'est que l'extraordinaire brio des interprètes allait mettre la salle dans une telle euphorie, dès avant l'entracte » (J.V., dans *La Croix*, 8 novembre 1971); Hélène Perdrière (la Marquise) jouait « le plus drôlement du monde, haussant le sourcil, [...] écarquillant les yeux, additionnant les mouvements cocasses [...], déclenchant l'hilarité » (Jean-Jacques

---

1. Les interprètes furent Michel Duchaussoy (Ergaste), Simon Eine (Dorante), Alain Pralon (Frontin), Hélène Perdrière (La Marquise), Claude Winter (Araminte), Paule Noëlle (Lisette).

Gautier)[1]. Il ne faut certes pas tirer les comédies de Marivaux vers la farce (et encore moins vers le drame...), mais il ne faut pas ignorer leur très réelle force comique.

À cette époque, les jeunes compagnies et les comédiens débutants commençaient à s'intéresser non seulement à Marivaux, mais même à ses pièces les moins connues, souvent avec talent, parfois avec des innovations trop voyantes. La compagnie La Guilde au début de 1967 présenta *Les Sincères* dans une mise en scène de Daniel Leveugle : pendant l'action de la comédie, des ouvriers réparaient la roue qui s'était brisée du carrosse d'Araminte. Cette façon d'évoquer autour de la comédie les réalités matérielles et sociales du XVIIIe siècle s'inspirait sans doute de la mise en scène par Roger Planchon, en 1959, de *La Seconde Surprise de l'amour* : « dans le temps qu'on répare un essieu, un amour qu'on assassine », déclara le metteur en scène (rapporté par Jean Paget, *Combat*, 10 février 1967, pour qui c'était « une trouvaille d'avoir situé l'action non point dans un salon, mais dans la cour du château »). Mais pour Jean-Jacques Gautier, cette mise en scène comportait trop de bruits extérieurs (« N'imitez point les extravagances de M. Bouteiller », *Le Figaro*, 10 février 1967), et Edmond Gilles demandait : « Pourquoi Daniel Leveugle a-t-il inventé tout un roman [...] ? Sa conception de l'œuvre se trouve démentie à chaque instant par le texte » (*L'Humanité*, 11 février 1967). Signalons, pour nous en tenir à quelques occurrences, en 1969, la mise en scène de Pierre Arnaudeau pour Prothea Association ; en 1975, celle de Bérangère Bonvoisin pour le Conservatoire national supérieur d'art dramatique (reprise un mois plus tard au festival d'Avignon) ; en 1983, une nouvelle présentation de Jean-Laurent Cochet au Théâtre Hébertot, avec la Compagnie qu'il avait fondée ; en 1984, la mise en scène de Jean Mac-

---

1. Les dossiers de presse que j'ai pu consulter à la bibliothèque de la Comédie-Française (je remercie les bibliothécaires de leur libéral accueil et de leur aide) ne m'ont pas fourni la référence de ce jugement, mais l'article a probablement paru dans *Le Figaro*.

queron pour la Compagnie des 2 R, au 18 Théâtre ; en 1988, celle de Jean-Pierre Miquel, programmée par le Conservatoire national d'art dramatique, à Villeneuve-lez-Avignon, dans le cadre du festival d'Avignon ; en 1999, celle d'Agathe Alexis pour le Théâtre des Arts à Cergy-Pontoise ; en 2003, celle de Béatrice Agenin (actrice elle-même) au Théâtre 14, etc. Dans plusieurs de ces théâtres, *Les Sincères*, comme petite pièce, accompagnaient une pièce plus importante (*La Surprise de l'amour, L'Épreuve*, de Marivaux ; *Le Menteur*, de Pierre Corneille, etc.). *Les Sincères* furent aussi repris à la Comédie-Française de septembre à novembre 2007, dans une mise en scène de Jean Liermier.

Il faut mentionner à part la représentation donnée en août 1967 à la télévision par Monique Chapelle (les Sincères étaient Dominique Blanchard et Michael Lonsdale) ; les comédies de Marivaux à la télévision, quand elles ne sont pas simplement retransmises d'une scène de théâtre, gagnent, à être jouées dans un décor naturel, une présence et une intensité d'émotion extraordinaires.

LES ACTEURS DE BONNE FOI

Cette comédie n'entra qu'en 1947 au répertoire de la Comédie-Française, et elle n'eut alors que quatre représentations. Mais en 1957 André Barsacq la fit jouer sur la scène de l'Atelier, théâtre d'avant-garde : l'attention fut ainsi attirée sur l'originalité et l'importance d'une œuvre que l'on considérait comme mineure.

La Comédie-Française la reprit dans une interprétation nouvelle, mais elle est encore loin d'approcher du nombre de représentations atteint par *Le Jeu de l'amour et du hasard*, *L'Épreuve*, *Les Fausses Confidences* ou *Le Legs*, seulement dans ce dernier demi-siècle. Une représentation de la saison 1977-1978 a été enregistrée sur cassette : Yvonne Gaudeau, en Madame Hamelin, y a la maîtrise, l'autorité d'une riche dame noble, Dominique Rozan, dans le rôle de Merlin, très bon meneur de jeu, est peut-être un peu plus âgé que ne l'avait conçu Marivaux, et Denise Gence, jouant Madame Argante, a toute la vivacité combative d'une mère qui tient à bien marier sa fille (mais on l'avait coiffée et vêtue comme une petite bourgeoise, comme la Madame Argante de *l'Épreuve*, alors qu'elle est d'une autre classe sociale, bien qu'il y ait quelque rapport entre les deux rôles)[1]. De nombreuses jeunes compagnies, dont les comédiens ont été sensibles à la modernité de la pièce et à sa mise en question du théâtre, en ont donné aussi des représentations[2].

Les Sincères et *Les Acteurs de bonne foi* ont aussi eu naturellement leur place dans des intégrales : en 1988, le Théâtre du Campagnol, animé par Jean-Claude Penchenat, présenta les vingt-deux comédies en un acte, cinq mises en scène par ce dernier (dont *Les Acteurs de bonne foi*) et dix-sept lues par des acteurs dirigés par l'un des leurs (la lecture des *Sincères* fut dirigée par Jean Macqueron)[3].

---

1. INA/Comédie-Française, 1979. Les autres rôles étaient tenus par Bérangère Dautun (Araminte), Catherine Hiegel (Lisette), Dominique Constanza (Colette), Bernadette Le Saché (Angélique), Richard Berry (Éraste), Gérard Giroudon (Blaise), Alain Feydeau (le notaire). La mise en scène était de Jean-Luc Boutté.
2. Par exemple le Théâtre du Lambrequin, en 1973, dans une mise en scène de Jacques Rosner ; les acteurs du Cours Jean-Louis Martin-Barbaz, en 1980, dans une mise en scène de F. Marchasson ; le Théâtre du Triangle, en 1983, dans une mise en scène de Bernard Anberre ; la Compagnie de la Barraca, en 1984, dans une mise en scène de Nabil el Azan ; l'Atelier des Élèves du Conservatoire, en 1986, dans une mise en scène de Philippe Adrien (reprise en 1987) ; les Élèves de l'École supérieure d'Art dramatique de Strasbourg, en 1987, dans une mise en scène de Jacques Lassalle, etc.
3. Ces représentations et ces lectures furent présentées à La Piscine (Châtenay-Malabry), mais la même année Jean-Claude Penchenat vint représenter à Riom *La Provinciale*, à l'occasion du colloque sur Marivaux tenu dans cette ville les 8 et 9 octobre ; en 2005 à Paris, au Théâtre du Nord-Ouest, Jean-Luc Jeener fit représenter par des acteurs qui ne constituaient pas une troupe l'intégralité des œuvres dramatiques de Marivaux. Le metteur en scène des *Sincères* était Cyril Le Grix, Sylvain Ledda celui des *Acteurs de bonne foi*.

Dans ces dernières décennies, l'idée du « marivaudage », jeu gracieux et subtil, a cédé la place à celle de la cruauté : Watteau a été remplacé par Sade, qui est effectivement nommé par certains critiques rendant compte, en 1977, des représentations des *Acteurs de bonne foi* à la Comédie-Française, et plus souvent encore Pirandello, qui rend si problématique le caractère des personnages. Jean d'Ormesson (*Le Figaro Dimanche*, 26 novembre 1977) a vu dans cette pièce une « cruauté stupéfiante », et C.G. (*Le Monde*, 12 novembre 1977) « une comédie frivole et cynique » où s'expriment des « passions violentes » ; sur cette violence, les chroniqueurs étaient d'accord avec les propos du metteur en scène : parlant de la pièce, Jean-Luc Boutté avait déclaré à Jacqueline Cartier : « On s'y écorche à vif. C'est Marivaux à cœur ouvert » (*France-Soir*, 11 novembre 1977). En fait, plus que de la violence, la scène faisait voir de l'agitation, des chaises renversées, et entendre des éclats de voix. Quant à Pirandello, très souvent invoqué, il autorise à voir dans les personnages des êtres fuyants, en quête d'eux-mêmes, qui ne savent pas ce qu'ils sont, qui croient être ce qu'ils ne sont pas : « Marivaux pousse à l'extrême l'obsession du travestissement ; on découvre ici le dernier masque — et peut-être le plus terrible —, celui que des acteurs ne peuvent plus ôter : des comédiens qui se prennent au jeu » (Anne Surgers, *Le Quotidien de Paris*, 15 novembre 1977). M. G. (dans le même *Quotidien de Paris*, du 1er juin 1977) n'hésite pas à passer du théâtre à la clinique : « Freud serait l'idéal metteur en scène de cette "bonne foi" surprise en ses cachettes [...]. L'intérêt, la vanité, l'incertitude, il n'en faut pas davantage pour transformer en marionnettes des êtres sensés, libérant des pulsions, des violences d'eux-mêmes inconnues. »

Chaque époque lit les œuvres du passé à la lumière de ses propres inquiétudes et de ses connaissances : ainsi la dernière (ou presque dernière) comédie de Marivaux, méconnue pendant des décennies, est devenue pour nos contemporains celle qui pénètre le plus loin dans les abîmes de l'âme humaine.

BIBLIOGRAPHIE

I. ÉDITIONS DU THÉÂTRE DE MARIVAUX

FOURNIER, Jean et BASTIDE, Maurice, *Théâtre complet de Marivaux*, Éditions nationales (collection «Les Classiques verts») 1946-1947, 2 vol.

DORT, Bernard, *Théâtre de Marivaux*, Le Club français du Livre, 1961-1662, 4 vol.

DORT, Bernard, *Théâtre complet de Marivaux*, Le Seuil, 1964.

DELOFFRE, Frédéric, *Théâtre complet*, Classiques Garnier, 1968, 2 vol.; nouvelle édition revue et mise à jour avec la collaboration de Françoise Rubellin, 1989-1992 (rééd. dans la Pochothèque, Hachette, 2000).

COULET, Henri et GILOT, Michel, *Théâtre complet*, Gallimard, «Bibliothèque de la Pléiade», 1993-1994, 2 vol.

II. ÉTUDES SUR LES DEUX COMÉDIES

Les Sincères

CISMARU, Alfred, «*Les Sincères* and *Le Misanthrope*: an Attempt to Settle the Relationship», *The French Review*, vol. XLII, n° 6, mai 1969.

DESVIGNES, Lucette, «*Les Sincères* de Marivaux: une vision originale des rapports sociaux», *Mémoires de l'Académie des Sciences, Arts et Belles-Lettres de Dijon*, t. CXXVIII, années 1987-1988 (1989).

DESVIGNES, Lucette, « Du *Misanthrope* de Molière aux *Sincères* de Marivaux. Structures, personnages, signification », *ibid.*, t. CXXX, années 1989-1990 (1991).

Les Acteurs de bonne foi

GIRARD, Brigitte, « La logique marivaudienne dans *Les Acteurs de bonne foi* », *Travaux sur le XVIIIe siècle*, Presses de l'Université d'Angers, 1978.

VANDENBRANDE, Roger, « *Les Acteurs de bonne foi* de Marivaux ou la Comédie au bord de l'abîme », *Onze études sur la mise en abyme, Romanica Gandensia*, vol. XVII, Université de Gand, 1980.

LE MARINEL, Jacques, « Le théâtre en jeu dans *Les Acteurs de bonne foi* de Marivaux », *Travaux sur le XVIIIe siècle*, Presses de l'Université d'Angers, 1983.

III. BIBLIOGRAPHIE

DELOFFRE, Frédéric, « État présent des études sur Marivaux », *L'Information littéraire*, novembre-décembre 1964.

COULET, Henri, « État présent des études sur Marivaux », *L'Information littéraire*, mars-avril 1979.

RIVARA, Annie, « État présent des études sur Marivaux », *Dix-huitième Siècle*, n° 27, 1995.

IV. HISTOIRE DU THÉÂTRE

GUEULLETTE, Thomas-Simon, *Notes et souvenirs sur le Théâtre-Italien au XVIIIe siècle*, publiés par Jean-Émile Gueullette, Droz, 1938.

ARGENSON, marquis d', « Notice sur les œuvres de théâtre » publiées par Henri LAGRAVE, *Studies on Voltaire and the XVIIIth Century*, n°s 42-43, 1966.

Parfaict, François et Claude, *Dictionnaire des théâtres de Paris*, 1756, 7 vol.

Jullien, Jean-Auguste, dit Desboulmiers, *Histoire anecdotique et raisonnée du théâtre italien, depuis son rétablissement en France jusqu'à l'année 1769*, Lacombe, 1769, 7 vol.

Clément, Jean-Marie, et La Porte, abbé Jean-Barthélemy de, *Anecdotes dramatiques*, Veuve Duchesne, 1775, 3 vol.

Origny, Antoine d', *Annales du théâtre Italien depuis son origine jusqu'à nos jours*, Veuve Duchesne, 1788, 3 vol. (Slatkine Reprints, Genève, 1970).

Campardon, Émile, *Les Comédiens du roi de la troupe italienne pendant les deux derniers siècles*, Berger-Levrault, 1880, 2 vol.

Lintilhac, Eugène, *Histoire générale du théâtre en France*, IV : *La Comédie. Dix-huitième siècle*, Flammarion, 1909.

Courville, Xavier de, *Un apôtre de l'art du théâtre au XVIIIe siècle. Luigi Riccoboni, dit Lélio*, tome I, *1676-1715, L'Expérience italienne*, Droz, 1943 ; tome II, *1716-1731, L'Expérience française*, Droz, 1945 ; tome III, *1732-1753, La Leçon*, Librairie théâtrale, 1958.

Attinger, Gustave, *L'Esprit de la commedia dell'arte dans le théâtre français*, Neuchâtel, La Baconnière, 1950.

Brenner, Clarence D., *The Théâtre italien, its Repertory, 1716-1793*, Berkeley, University of California Press, 1961.

Lagrave, Henri, *Le Théâtre et le public à Paris de 1715 à 1750*, Klincksieck, 1972.

Peyronnet, Pierre, *La Mise en scène au XVIIIe siècle*, Nizet, 1974.

Schérer, Jacques, *Théâtre et anti-théâtre au XVIIIe siècle*, Oxford, Clarendon Press, 1975.

Rougemont, Martine de, *La Vie théâtrale en France au XVIIIe siècle*, Honoré Champion, 1988.

Baridon, Michel, et Jonard, Norbert (éd.), *Arlequin et ses masques*, Dijon, EUD, 1992.

Rallo, Élisabeth (éd.), *Le Valet passé maître. Arlequin et Figaro*, Ellipses, 1998.

Goldzink, Jean, *Comique et comédie au siècle des Lumières*, L'Harmattan, 2000.

TROTT, David, *Théâtre du XVIIIe siècle : jeux, écriture, regards : essai sur les spectacles en France de 1700 à 1790*, Montpellier, Espaces 34, 2000.

LEVER, Maurice, *Théâtre et Lumières : les spectacles de Paris au XVIIIe siècle*, Fayard, 2001.

V. ÉTUDES GÉNÉRALES SUR MARIVAUX

LARROUMET, Gustave, *Marivaux, sa vie et son œuvre d'après des documents nouveaux*, Hachette, 1882 (édition abrégée, Paris, 1884).

ROY, Claude, *Lire Marivaux*, Neuchâtel, Le Seuil, 1947.

ARLAND, Marcel, *Marivaux*, Gallimard, 1950.

POULET, Georges, *Études sur le temps humain*, tome II, *La Distance intérieure*, « Marivaux », Plon, 1952, p. 1-34.

GAZAGNE, Paul, *Marivaux par lui-même*, Le Seuil, 1954.

DELOFFRE, Frédéric, *Une préciosité nouvelle. Marivaux et le marivaudage*, Armand Colin, 1955 (nouvelle édition 1967 ; Slatkine Reprints, 1993).

ROUSSET, Jean, « Marivaux et la structure du double registre », *Forme et signification*, José Corti, 1962 (article de 1957).

GREENE, Edward J. H., *Marivaux*, University of Toronto Press, 1965.

DORT, Bernard, « À la recherche de l'amour et de la vérité », *Théâtre public*, Le Seuil, 1967 (article de 1962).

SCHAAD, Harold, *Le Thème de l'être et du paraître dans l'œuvre de Marivaux*, Juris Druck Verlag, Zurich, 1969.

MÜHLEMANN, Suzanne, *Ombres et lumières dans l'œuvre de Pierre Carlet de Chamblain de Marivaux*, Berne, H. Lang, 1970.

LAGRAVE, Henri, *Marivaux et sa fortune littéraire*, Saint-Médard-en-Jalles, Ducros, 1970.

HAAC, Oscar, *Marivaux*, New York, Twayne Publishers, 1973.

COULET, Henri, et GILOT, Michel, *Marivaux. Un humanisme expérimental*, Larousse, 1973.

STEWART, Philip, *Le Masque et la Parole. Le langage de l'amour au XVIIIe siècle* (chap. IV), Corti, 1973.

GILOT, Michel, *Les Journaux de Marivaux. Itinéraire moral et accomplissement esthétique*, Université de Lille III, 1974, 2 vol.

TRAPNELL, William, *Eavesdropping in Marivaux*, Genève, Droz, 1987.

CULPIN, David J., *Marivaux and Reason. A Study in Early Enlightenment Thought*, Francfort, Berne, Paris, Peter Lang, 1993.

GILOT, Michel, *L'Esthétique de Marivaux*, SEDES, 1998.

VERHOEFF, Han, *Marivaux ou le Dialogue avec la femme. Une psycholecture de ses comédies et de ses journaux*, Paradigme, Orléans, 1994.

VI. COLLOQUES, NUMÉROS SPÉCIAUX, RECUEILS

« Comédie italienne et théâtre français », *Cahiers de l'Association internationale des études françaises*, XV, 1963.

Le Triomphe de Marivaux (Magdy G. BADIR et Vivien BOSLEY, éd.), Edmonton, 1989.

Visages de Marivaux (David J. CULPIN, éd.), *Romance Studies*, n° 15, hiver 1989.

Anatom des menschlichen Herzens (B. KORTLÄNDER et G. SCHEFFEL éd.), Düsseldorf, 1990.

Vérités à la Marivaux (Raymond JOLY, éd.), *Études littéraires*, XXIV, n° 1, Québec, Université Laval, été 1991.

Marivaux d'hier, Marivaux d'aujourd'hui (Henri COULET, Jean EHRARD, Françoise RUBELLIN, éd.), Éditions du CNRS, 1991.

Marivaux e il teatro italiano (Mario MATUCCI, éd.), Pacini Editore, Ospedaletto, 1992.

Marivaux et les Lumières (Henri COULET et Geneviève GOUBIER, éd.), 2 vol., Aix-en-Provence, 1996.

Marivaux (Michel DELON, éd.), *Europe*, n°s 811-812, nov.-déc. 1996.

Masques italiens et comédie moderne (recueil d'articles sous la direction d'Annie RIVARA), Orléans, 1996.

Marivaux et l'Imagination (Fr. GEVREY éd.), Toulouse, Éditions universitaires du Sud, 2002.

La *Revue Marivaux*, éditée par la Société Marivaux, publie annuellement depuis 1990 des études sur Marivaux et des comptes rendus de travaux et de spectacles.

Marivaux subversif? textes réunis par Frank SALAÜN, Desjonquères, 2002.

VII. ÉTUDES SUR LE THÉÂTRE DE MARIVAUX

MAC KEE, Kenneth, *The Theatre of Marivaux*, New Yord University Press, 1958.

MEYER, Marlyse, *La Convention dans le théâtre d'amour de Marivaux*, Universidade de São Paulo, 1961.

RATERMANIS, Jean-Baptiste, *Étude sur le comique dans le théâtre de Marivaux*, Minard, 1961.

RIGAULT, Claude, *Les Domestiques dans le théâtre de Marivaux*, A.G. Nizet, 1968.

PAPADOPOULOU BRADY, Valentini, *Love in the Theatre of Marivaux*, Genève, Droz, 1970.

DESVIGNES-PARENT, Lucette, *Marivaux et l'Angleterre. Essai sur une création dramatique originale*, Klincksieck, 1970.

DESCOTES, Maurice, *Les Grands Rôles du théâtre de Marivaux*, PUF, 1972.

BONHÔTE, Nicolas, *Marivaux et les Machines de l'opéra*, Lausanne, L'Âge d'homme, 1974.

MIETHING, Christoph, *Marivaux' Theater. Identitäts Probleme in der Komödie*, München, W. Fink, 1975.

LACANT, Jacques, *Le Théâtre de Marivaux en Allemagne. Reflets de son théâtre dans le miroir allemand*, Klincksieck, 1975.

SCAPAGNA, Antoine, *Entre le oui et le non. Essai sur la structure profonde du théâtre de Marivaux*, Berne, H. Lang, 1978.

MAZOUER, Charlers, *Le Personnage du naïf dans le théâtre comique du Moyen Âge à Marivaux*, Klincksieck, 1979.

Deguy, Michel, *La Machine matrimoniale ou Marivaux*, Gallimard, 1981.

Pavis, Patrice, *Marivaux à l'épreuve de la scène*, Publications de la Sorbonne, 1986.

Poe, George, *The Rococo and Eighteenth Century French literature. A Study through Marivaux's Theatre*, New York, Peter Lang, 1987.

Sanaker, John-Kristian, *Le Discours mal apprivoisé*, Didier, 1987.

Terrasse, Jean, *Le Sens et les Signes. Étude sur le théâtre de Marivaux*, Sherbrooke, Naaman, 1987.

Oster, Patricia, *Marivaux und das Ende der Tragödie*, München, Fink, 1992.

Dabbah El-Jamal, Choukri, *Le Vocabulaire du sentiment dans le théâtre de Marivaux*, Honoré Champion, 1995.

Porcelli, Maria Grazia, *Le Figure dell'autorità nel teatro di Marivaux*, Padova, Unipress, 1997.

Boudet, Micheline, *La Comédie italienne : Marivaux et Silvia*, Albin Michel, 2001.

Un instrument utile :

Spinelli, Donald, *A Concordance to Marivaux's Comedies in Prose*, Chapel Hill, 1979, 4 vol. (University of North Carolina Press).

N.B. Nous avons renoncé à recenser tous les articles de revues qui ont été consacrés au théâtre de Marivaux durant les dernières décennies.

NOTES

LES SINCÈRES

Page 28.

1. *Acteurs* : le mot ne désigne pas les comédiens, mais les personnages de la comédie.

2. *En campagne* : nous disons : « à la campagne », mais : « en ville ».

Page 29.

1. *Mons* : « C'est l'abrégé de *Monsieur*. C'est une manière de parler libre et cavalière, quelquefois méprisante » (*Abrégé du Trévoux*).

2. Les domestiques, sans le savoir, mais pour le plaisir du spectateur qui connaît le théâtre de Marivaux, parodient un jeu de scène entre deux amoureux, hésitation pathétique au moment où ils vont se séparer, suspens pendant lequel se joue leur bonheur ou leur malheur, retour de chacun vers l'autre (voir *Le Prince travesti*, II, 6 ; *Le Dénouement imprévu*, scène 11 ; *La Seconde Surprise de l'amour*, II, 9 ; *Le Jeu de l'amour et du hasard*, III, 8 ; *Les Serments indiscrets*, III, 8, mais la scène n'aboutit pas ; *Le Legs*, scène 24 ; *L'Épreuve*, scène 21 ; et aussi *La Fausse Suivante*, II, 8, mais la scène est mystificatrice).

Page 30.

1. *Coiffée comme vous l'êtes* : d'une simple coiffe de domestique femme, naturellement indiscrète et bavarde.

Page 32.

1. *Magot* : « gros singe. On dit fig[urément] d'un homme fort laid que [...] c'est un vrai magot » (*Académie*).

Page 34.

1. *L'espiègle* : le substantif, venu du néerlandais et entré dans notre langue au XVIe siècle, était régulièrement du genre masculin.

Page 35.

1. *Son affection* : « Signifie aussi une inclination qui nous porte à une chose plutôt qu'à une autre [...]. Mettre toute son *affection* à l'étude » (*Abrégé du Trévoux*).
2. *Se distinguer* : « Je veux qu'on me distingue », disait Alceste (*Le Misanthrope*, I, 1, v. 63).

Page 36.

1. *Trop peuple* : Ergaste n'est pas bourreau de lui-même par humilité, mais par un orgueil inverti.
2. Dans la vingt-troisième feuille (8 janvier 1724), le Spectateur français raconte comme il est allé, avec un ami qui voulait acheter du drap pour un costume, chez un marchand drapier avide et peu scrupuleux. Pour être sûr de n'être pas volé, il remit sa bourse au marchand en le priant de se payer lui-même : vérification faite, « la probité du marchand se trouva non seulement sans reproche, mais même généreuse » (*J.O.D.*, p. 250-252). Mais le marchand n'avait en somme rien perdu, tandis qu'Ergaste a perdu son procès par un souci vaniteux de l'opinion publique.

3. *Combustion* : « Division, dissension, désordre, guerre civile » (*Abrégé du Trévoux*, qui ignore le sens concret du mot).

Page 38.

1. La campagne où la Marquise reçoit ses amis est proche de Paris, où l'on peut aller et d'où l'on peut revenir en assez peu de temps, dans la même journée. On lit dans la septième feuille du *Cabinet du philosophe* : « Le chevalier [...] va demain matin à deux lieues de Paris voir notre ami D. Il en reviendra le soir. [...] Que j'ai d'obligation à D. de ce qu'il est à la campagne ! » (*J.O.D.*, p. 392).

Page 39.

1. *Rêvant* : « Rêver » avait au XVIIIe siècle encore le sens de « s'absorber profondément dans une réflexion ». Araminte et Ergaste rêvent tous deux : ils se sentent tous deux dans une situation confuse et grave.

Page 43.

1. *Uniment* : ses paroles n'avaient pas un double sens.
2. *Affadi* : « Affadir : rendre fade et insipide, donner du dégoût, ôter toute sorte de saveur [...]. De mauvaises louanges *affadissent* le cœur » (*Abrégé du Trévoux*).

Page 44.

1. *Prévenue* : « Prévenir : préoccuper l'esprit [...] » (*Abrégé du Trévoux*). L'emphase exclamative qui ouvre ce dialogue entre les deux Sincères trahit les illusions qu'ils se font sur leur sincérité. Même ton à la fin de la scène.
2. *Un autre* : indéterminé ; nous disons encore : « quelqu'un d'autre ».
3. *Originaux* : « On dit par raillerie d'un homme qui est

singulier en quelque chose de ridicule que *c'est un original* » (*Académie*).

Page 45.

1. *Leste* : le sens de ce mot est passé d'« élégant » (XVIe siècle) à « indécent » (*Encyclopédie*, 1765). Les adjectifs qui qualifient « l'air » dans la même phrase permettent de situer le sens du mot entre les deux extrêmes.

Page 46.

1. *Pensé* : un des sens est « être prêt de faire quelque chose » (*Abrégé du Trévoux*).
2. « Trois ou quatre femmes jalouses, désespérées et méchantes » : Comprendre : ... femmes jalouses, qui sont désespérées et méchantes. L'adjectif « jalouses » est épithète tandis que les deux autres sont apposés.
3. *Sont* : et non « qui se soient », texte dû à Duviquet.
4. *Biaise* : « Biaiser : n'agir pas sincèrement, chercher des détours, des échappatoires [...] (*Abrégé du Trévoux*).

Page 48.

1. Le *bal de l'Opéra*, bal travesti, avait été fondé en 1717.
2. *Vous, Madame ?... vous, n'être pas reconnaissable ?* : souvenir de *Turcaret* (V, 7) : Marivaux parodie en l'inversant le mot du Marquis à Mme Turcaret qui s'est déguisée en Vénus dans un bal travesti : « En Vénus ? Ah ! madame, que vous êtes bien déguisée ! ».

Page 50.

1. *Paquet* : « ... Se dit aussi de plusieurs lettres enfermées sous une enveloppe » (*Dictionnaire de l'Académie*).

Page 52.

1. *À votre profit* : il n'est pas nécessaire de croire que ces mots s'adressent à Dorante seul. Araminte a parlé pour elle-même et pour Dorante, la réponse de Lisette s'adresse à tous deux.

Page 53.

1. *Transporter* : « Il se dit aussi dans le sens de *transférer* » (*Abrégé du Trévoux*).

Page 54.

1. *Les plus dignes* : « des plus dignes » (1739). Cette leçon de l'édition originale est peut-être à conserver.
2. *Fait* : participe non accordé, conformément à l'usage de l'époque.
3. *Comparaison* : entre Ergaste et la Marquise.

Page 55.

1. Lisette quitte alors la scène.
2. *Qu'est-ce donc que sa maîtresse a qui la relève tant au-dessus de mon maître ?* : « Qu'est-ce donc que sa maîtresse ? qui la relève au-dessus de mon maître ? » (1758). Variante motivée sans doute par la place anormale du monosyllabe *a* à la fin d'une interrogation. Le neutre « qui » se rencontre ailleurs chez Marivaux, mais le texte original, *lectio difficilior*, est préférable.

Page 56.

1. Frontin continue la phrase d'Ergaste : la Marquise n'est pas belle *comme un ange*.
2. *J'ai prononcé de même sur ces deux articles* : que la Marquise est aimable et qu'Araminte est belle.

Page 58.

1. *Donner la main* à une dame pour la conduire à sa place ou à la porte par laquelle elle va sortir n'est qu'un geste de civilité et de courtoisie, mais la Marquise (scène X) en est alarmée, et « vous deux » exprime inquiétude et sévérité.

2. À ce *grand silence* dans le tête-à-tête de la Marquise et de Dorante, au début de la scène qui s'achèvera par leur réconciliation, correspond le silence dans le tête-à-tête de la Marquise et d'Ergaste, à la fin de la scène où se consommera leur rupture (scène XIV).

Page 59.

1. *Artamène ou le grand Cyrus* : de Mlle de Scudéry (douze vol., 1647-1658). *Cléopâtre* : de La Calprenède. Deux grands romans baroques d'aventures héroïques, dont notre époque a reconnu la valeur, mais qui, dès l'époque classique, étaient considérés comme des modèles d'invraisemblance dans l'intrigue et d'outrance dans la psychologie. Dès 1719, dans les « Lettres contenant une aventure », la coquette que faisait parler Marivaux ridiculisait le « ton » pillé dans *Cléopâtre* d'une amoureuse affligée et les amantes de « ce fou de La Calprenède » (*J.O.D.*, p. 77-78).

Page 60.

1. *Emphases* : le pluriel est inhabituel, mais la Marquise aime les effets de style (ici, d'ironie), même quand elle reproche à Dorante de « parler en poète ».
2. *Il se pourrait que je la fusse* : dès l'époque classique le pronom masculin était considéré comme plus correct que le pronom féminin, pour reprendre un adjectif au féminin (Vaugelas), mais l'ancien usage survivait.
3. *En* : « à ce sujet », sur lequel Ergaste est d'avis contraire.
4. *Ce mot-là* : Dorante exprime ici les idées de Marivaux

lui-même sur le style : « Un auteur qui sait bien sa langue […] sait que [les mots qu'il emploie] ont été institués pour être les expressions propres, et les signes des idées qu'il a eues ; il n'y avait que ces mots-là qui pussent faire entendre ce qu'il a pensé, et il les a pris » (*Le Cabinet du philosophe*, sixième feuille, *J.O.D.*, p. 381).

5. *Je meurs* : « Je me meurs », dans l'édition de 1758.

Page 63.

1. *Qu'est-ce que c'est que votre amour ?* : la Marquise a été sensible à une expression toute différente de l'amour, celle de Dorante.

2. *Aimé-je* : « aimai-je » dans les éditions de 1739 et 1758, selon un usage qui n'est pas particulier à Marivaux.

Page 64.

1. *Que je ne la suis* : voir *supra*, p. 60, n. 2.

2. *Votre cœur n'a guère de mémoire* : l'expression est du plus pur style marivaudien. La Marquise aime parler, mais elle parle bien, et, comme Dorante, elle parle la langue de Marivaux.

3. *Considérable* : qui mérite d'être considéré. Le mot est ironique, Ergaste réfléchit avant de parler (« vous rêvez », lui a dit la Marquise ; voir *supra*, p. 39, n. 1).

Page 65.

1. *Quand vous en rabattriez* : « Rabattre : diminuer, retrancher de la valeur d'une chose et du prix qu'on en demande » (*Académie*). Le mot est ironique, ici encore, Ergaste ne cessant pas de parler comme un trafiquant qui évalue ce qui lui est le plus ou le moins profitable — par souci de ne pas laisser la moindre incertitude sur sa sincérité, mais en réalité parce que son amour pour la Marquise lui laisse la tête froide.

2. *Honnête* : l'honnêteté est une qualité des gens du monde, comme la civilité ou la politesse qu'Ergaste reprochait en effet à Araminte dans la scène III.

Page 66.

1. *Ah, le sot homme* : « Heu, le haïssable homme ! », s'exclamait Lisette, à propos d'Ergaste (scène II).
2. De l'ironie, la Marquise passe à la colère, son amour-propre est blessé et le dépit lui dicte un jugement outrancier qu'elle prononcera à l'adresse d'Araminte elle-même (scène XVII), mais dans une intention différente.

Page 67.

1. *Baroque* : « Terme de joaillier, qui ne se dit que des perles qui ne sont pas parfaitement rondes. Au figuré : irrégulier, bizarre, inégal » (*Abrégé du Trévoux*). Le terme appartient au style assez recherché de la Marquise, et peut doublement surprendre Ergaste.

Page 68.

1. *Quand on a le goût faux, c'est une triste qualité d'être sincère* : cette réplique et la réponse d'Ergaste (*Le plus gros défaut de ma sincérité, c'est qu'elle est trop forte*) prouvent que, chez les deux Sincères, la sincérité n'est pas une qualité fondamentale, mais un moyen de défense.
2. *Ce que vous pensiez* (avant que j'aie réfuté ce que vous m'avez dit de sa beauté) ; mais au lieu d'un imparfait de l'indicatif le mot pourrait être un présent du subjonctif, commandé, de façon anormale mais plausible, par « ce n'est pas la peine ».

Page. 69.

1. Nous adoptons la ponctuation de 1758 ; celle de l'originale (1739) est confuse : « À Monsieur, Madame, je

viens vous avertir d'une chose; Monsieur, vous savez […] ».

2. *Tantôt* : dans la scène VII, selon le plan concerté par les deux complices.

3. *Au-dessous* : « au-dessus », faute d'impression dans l'édition de 1758.

4. *Il* : Ergaste, dans la scène VIII.

5. *Lui* : Frontin. Dans sa réplique suivante, Lisette s'exprime avec plus de clarté.

Page 70.

1. *Que je l'aie* : « Que je l'ai », dans l'édition de 1739. L'indicatif n'est pas impossible.

Page 71.

1. *Madame* : « Madame ? » dans l'édition de 1758 ; mais l'injonction, marquée par le point en 1739, est plus conforme à l'état d'esprit d'Ergaste depuis la scène XII.

Page 72.

1. Cette *figure* était sans doute celle de Riccoboni fils, qui tenait le rôle.

2. *Très tort* : tournure courante dans la langue parlée. Dans *La Double Inconstance* (I, 5), les éditions modernes donnent : « Oh ! très tort » (p. 268, t. I, de l'édition *D.-R.*), mais les éditions anciennes et l'édition *C.-G.* (t. I, p. 205) donnent : « Oh ! très fort ».

3. *Sottement* : « fortement », dans l'édition de 1758, que Marivaux n'a pas relue.

Page 73.

1. *Mutine* : « Mutin : opiniâtre, querelleur » (*Académie*).

Page 76.

1. *Minois* : « Il se disait autrefois pour tout visage. Aujourd'hui il ne se dit plus guère que du visage d'une jeune personne plus jolie que belle » (*Abrégé du Trévoux*). Sous forme flatteuse, Lisette dit à la Marquise la vérité sur son genre de beauté. Marianne (*La Vie de Marianne*, première partie, Folio classique, p. 106) parle du « petit minois » qu'elle avait dans sa jeunesse.

Page 77.

1. *Des grâces* : Lisette, rapportant les propos des conviés, venait de nommer la « beauté », mais le mot était relativisé par le mot « agréments » ; et le pluriel « grâces » (qu'avait employé aussi Ergaste, dans la scène XII) désigne un charme moins puissant que le singulier « la grâce » (« plus belle encor que la beauté », selon La Fontaine, *Adonis*, v. 78). Lisette rassure sa maîtresse, mais sans la flatter ; la Marquise retiendra qu'elle n'est pas « belle », et avouera, après l'avoir nié, qu'Araminte l'est.

Page 78.

1. *Passe* : un des sens de « passer » est « souffrir, endurer, pardonner » (*Abrégé du Trévoux*).
2. *Vos enchantements* : pluriel de style marivaudien (comme « emphases », scène XI), ironie sur les déclarations répétées de Dorante.

Page 79.

1. *Une des femmes [...] la plus aimable, la plus touchante* : la langue classique met régulièrement le singulier dans cette tournure où la langue moderne met le pluriel.

Page 80.

1. *Piqué*: le sens est « fâché », plutôt que « piqué d'honneur ».

Page 81.

1. *Gonflée*: le mot évoque une image plus concrète que « se rengorge », couramment employé au sens figuré. C'est encore un de ces mots énergiques de la Marquise, il est curieux que celui-ci soit entré de nos jours dans le langage populaire.
2. *Se redressât*: Dorante revient au langage figuré, plus décent, mais c'est lui qui a commencé à médire (par artifice) d'Araminte.

Page 82.

1. *Mais vous me charmez, Dorante*: « Vous me charmez, Ergaste, vous me charmez... », disait déjà la Marquise (scène IV). Signe de versatilité ? La Marquise est une « enfant » !
2. *Figure*: au seul sens du mot à l'époque, « forme générale extérieure ».

Page 83.

1. La Marquise déforme par exagération les propos de Dorante, comme elle avait déformé (scène XIV) les propos d'Ergaste.
2. *D'où vient ?*: « Pourquoi ? ».
3. *J'ai eu mille fois envie*: « J'ai eu mille envies de [...] » (1758).

Page 84.

1. Si l'on accepte notre interprétation générale de cette comédie, Araminte ne vient pas provoquer la Marquise,

mais en effet rire avec elle, dans un esprit de conciliation, puisqu'elle a renoncé à reconquérir Ergaste (« il n'est plus question du passé », scène III). Les caractères de Dorante et d'Araminte d'une part, d'Ergaste et de la Marquise d'autre part, sont assez opposés (au moins dans la structure dramaturgique) pour qu'on ne prête pas à Araminte la mauvaise foi et l'humeur vindicative de la Marquise. Si l'on refuse notre interprétation, dans toute la scène XVII les deux femmes ne songeraient qu'à se blesser mutuellement.

Page 85.

1. *Permettez-moi d'écrire un petit billet qui presse...* : Alfred Cismaru (« *Les Sincères* and *Le Misanthrope* », p. 869-870, voir *infra* notre bibliographie) rapproche ce mot de celui de Célimène à Alceste, quand elle veut mettre fin à un entretien aigre-doux avec Arsinoé : « Alceste, il faut que j'aille écrire un mot de lettre / Que sans me faire tort je ne saurais remettre. / Soyez avec Madame [...] » (*Le Misanthrope*, III, 4). La Marquise, bien qu'elle ait assuré que le billet n'interromprait pas l'entretien, va effectivement se retirer après un mot assez blessant. Mais Araminte n'est pas Arsinoé.

Page 86.

1. *Je croirais assez la moitié de ce que vous dites* : cette repartie change complètement de sens selon la façon dont on conçoit les caractères. À notre avis, Araminte, par courtoisie, prend pour elle seule ce que vient de dire la Marquise (et non pas pour la Marquise seule, ce qui serait insolent). Comprendre : « L'une et l'autre, nous ne sommes qu'à moitié belles » est aussi plausible. Il faut noter que Dorante, témoin de la scène, est sûr maintenant d'être aimé de la Marquise.

Page 87.

1. *Particulier* : « Singulier, extraordinaire, peu commun » (*Académie*).

LES ACTEURS DE BONNE FOI

Page 94.

1. *Personnages* : c'est la seule comédie de Marivaux où soient annoncés les « personnages », sans doute par la volonté de La Place, qui dirigeait *Le Conservateur*. Dès l'édition de 1758 le mot « acteurs » sera rétabli.
2. *Amant* : « Celui qui aime d'une passion violente et amoureuse » (*Furetière*).

Page 96.

1. *Ton génie me fait trembler* : « Mon génie étonné tremble devant le sien », dit Néron, parlant d'Agrippine (Racine, *Britannicus*, II, 3).
2. *Les chansons du Pont-Neuf* : on appelait ainsi les chansons qui étaient vendues sur le Pont-Neuf à Paris.
3. *Anacréontiques* : odes à la manière d'Anacréon, poète grec ; l'adjectif était un néologisme, attribué à Houdar de la Motte, mais déjà présent chez Ronsard.
4. *Habile* : « Qui a de l'esprit, de la science, de la capacité » (*Abrégé du Trévoux*).

Page 97.

1. *Originale* : le mot n'a pas ici le sens péjoratif qu'il avait souvent (voir *Les Sincères*, p. 44, n. 3) ; il signifie : « dont il n'y a pas d'autre exemple » (*Féraud* cite une expression de Massillon : « Jésus, ce divin original »).
2. *Je n'ai fourni que ce que nous autres beaux esprits appelons le canevas* : Merlin pense à la façon dont improvisaient les

acteurs de l'Ancien Théâtre-Italien sous Louis XIV ou du Nouveau Théâtre-Italien depuis la Régence.

Page 99.

1. *Pris sans vert* : « Jouer au vert : sorte de jeu où l'on est obligé d'avoir toujours sur soi quelque feuille de *vert* cueilli le jour même, et où chacun tâche de surprendre son compagnon dans un temps où il n'en a point [...]. De là vient qu'on dit fig. Prendre quelqu'un sans vert, p[our] d[ire] le prendre au dépourvu » (*Abrégé du Trévoux*).

2. *Un joli homme* : l'expression a une nuance ironique : Selon *Féraud*, le P. Bouhours déclare « qu'on ne dit pas, *c'est un joli homme*, dans le sens qu'on dit, *c'est une jolie femme*, et que l'un est une raillerie, et l'autre une louange ».

Page 103.

1. *Que tu me la fasses* : la reprise d'un substantif sans article par un pronom personnel est courante dans la langue classique.

Page 104.

1. *Et dis-moi* : « Eh ! dis-moi », dans les éditions postérieures à l'originale. Dans les textes de la première moitié du XVIIIe siècle, « Et » est souvent confondu avec « Eh ! ». De même p. 106.

Page 105.

1. *Merlin, Colette* : « Merlin, Lisette, Blaise, Colette » à partir de 1758.

Page 106.

1. *Aperçu* : « D'après Lavaux et d'autres grammairiens, on devrait écrire : Elle s'est aperçu de son erreur » (Littré).

L'absence d'accord est-elle un archaïsme de Marivaux ou l'extension, anormale, au complément d'objet d'un verbe transitif indirect, de la règle qui commandait d'accorder ou non le complément d'objet d'un verbe transitif direct selon sa place dans la phrase ?

2. *Sans dessus dessous* : « Sens dessus dessous », à partir de 1781. Mais la tournure populaire de Blaise est encore très vivante de nos jours.

Page 109.

1. *Quelque chose* : « queuque chose », à partir de 1758

Page 110.

1. *Qu'elles* : « qu'ils », par erreur dans l'édition originale. *Soyent* : prononciation populaire.

2. *Ce n'est que des mains au bout du compte* : c'est ce que disait le paysan Blaise en préparant sa femme Claudine à la vie mondaine : « Si [un galant] te prenait les mains, tu l'appelleras badin ; s'il te les baise, eh bien soit, il n'y a rien de gâté ; ce n'est que des mains, au bout du compte » (*L'Héritier de village*, scène II, 1725).

Page 111.

1. *Chanceux* : Le mot était fréquemment ironique : « C'est un homme bien chanceux ; p[our] d[ire], entre les mains duquel rien ne réussit » (*Abrégé du Trévoux*).

Page 112.

1. *Li* (« l'y » dans l'originale) : La suppression du pronom atone « le », complément d'objet, devant la forme tonique « lui », complément d'attribution, était usuelle, comme dans la langue parlée actuelle.

2. Brusque lueur sur la fragilité des rapports sentimen-

taux entre Colette et Blaise. La fiction théâtrale aura-t-elle l'effet de purification (*catharsis*) que lui attribuait Aristote ? Mais Aristote ne considérait que le spectateur.

Page 113.

1. Merlin s'est frotté à la philosophie, et parle comme Sganarelle (« Voilà justement ce qui fait que votre fille est muette », *Le Médecin malgré lui*, II, 4).

Page 114.

1. *Rudoyes* : prononciation populaire (comme plus haut, p. 110, n. 1).
2. Colette et Lisette assistent aussi à la scène et interviennent.
3. *À qui* : la reprise de la préposition et l'emploi du relatif étaient de règle à l'époque de Marivaux. « Que », de règle dans la langue actuelle, n'était encore au temps de l'abbé Féraud (*Dictionnaire grammatical*, 1786) qu'une « façon de parler autorisée par l'usage ».
4. Ne le sais-je pas : « Ne la sais-je pas » (texte erroné de l'édition originale).

Page 115.

1. *Chagraine* : « Chagrine » dans toutes les éditions depuis 1758, sauf. *C.-G.*
2. Nouvel indice des rapports difficiles entre Colette et Blaise (voir *supra*, p. 112, n. 2).

Page 116.

1. *Grue* : « Se dit fig[urément] de ceux qui sont stupides, niais, sots, ou aisés à tromper » (*Abrégé du Trévoux*).
2. *Nicodème* : « Ce nom propre d'homme [...] n'offre en français qu'une idée fort basse et signifie *sot* » (*Abrégé du*

Trévoux, qui rappelle l'étymologie grecque du mot, mais n'en fait pas l'historique). Nicodème était un pharisien de Jérusalem qui dit à Jésus qu'il ne comprenait pas comment on pourrait ressusciter quand on serait mort (*Évangile de Jean*, 3, 1-21). Au Moyen Âge, les mystères en firent un personnage niais (le mot «nigaud» est dérivé du nom propre). L'Église catholique l'a sanctifié : il s'était converti au christianisme et, persécuté par les Juifs, s'était enfui de Jérusalem.

3. *Dix pistoles* : la pistole valait dix livres, soit un peu plus de trois euros actuels. La gratification promise à Merlin n'était pas très grosse.

Page 117.

1. *Pas* : «pus» (pour «plus») dans toutes les éditions à partir de 1758.

Page 118.

1. *Glorieuse* : «Glorieux : plein de vanité, rempli de trop bonne opinion de lui-même» (*Académie*).
2. *Chambrière* : «Servante qui nettoie la chambre. Ce mot n'est plus en usage qu'en parlant des servantes de ceux qui n'ont qu'un petit ménage» (*Abrégé du Trévoux*). Lisette en réalité est une suivante. «Demoiselle attachée au service d'une grande Dame» (*ibid.*). Issues de la bonne société, parfois de familles nobles peu fortunées, les suivantes sont chez Marivaux les dames de compagnie de leurs maîtresses.
3. *Masque* (du provençal *masco*, sorcière) : le mot, très injurieux, pouvait désigner une maquerelle, mais Marivaux en atténue la force (peut-être en le rapprochant par erreur de l'adjectif «masqué»), comme l'*Académie* : «Injure que le peuple dit aux femmes pour leur reprocher leur laideur ou leur vieillesse.»

Page 119.

1. *Et bien* : « Eh bien ! » à partir de 1758. Voir *supra*, p. 104, n 1.

Page 123.

1. *La compagnie* : c'est la seule allusion qui soit faite aux amis invités par Madame Argante dans sa maison de campagne.

Page 124.

1. Il existait des recueils de parades, mais Merlin plaisante, son impromptu ne pourrait être publié. On a vu *(D.-R* et *C.-G.)* dans ce mot une allusion de Marivaux aux difficultés qu'il rencontrait lui-même à faire jouer ses comédies sur un théâtre public. Si la réplique de Merlin existait déjà dans la première version de la pièce dont parle Mme de Graffigny, en 1748 Marivaux ignorait encore qu'il ne pourrait plus faire jouer de nouvelles comédies sur un théâtre public.

Page 126.

1. Cette *confidence* est un fait réel, comme sont réels la richesse et le veuvage d'Araminte.

Page 127.

1. *Trente mille livres de rente* : la rente foncière étant évaluée à cinq pour cent, le capital serait donc de six cent mille livres.

Page 129.

1. L'écu valait trois livres, *deux cent mille écus* valent bien six cent mille livres, voir ci-dessus, p. 127, n. 1. L'évaluation

en euros est difficile à faire avec précision, mais la richesse d'Araminte est évidemment fabuleuse (plus de quatre millions d'euros?).

Page 131.

1. *Notre projet* : projet probablement fictif, encore qu'il soit facile à réaliser, les deux familles se réduisant, semble-t-il, l'une à Madame Argante et à sa fille, l'autre à Madame Hamelin et à son neveu.

2. *Parades* : la parade est une « scène burlesque que les bateleurs donnent au peuple à la porte de leur théâtre, pour engager à entrer » (*Académie*). Ces parades étaient souvent très grossières. On a réédité de nos jours celles de Gueullette (1885 ; Espaces 34, 2000) et celles de Beaumarchais (*Œuvres*, Gallimard, Bibliothèque de la Pléiade, 1984). Voir *infra*, p. 142, n. 2.

Page 133.

1. *À merveilles* : le pluriel était usuel.
2. *Recommander* : Le sens de « commander à nouveau » n'existait pas plus au temps de Marivaux qu'il n'existe maintenant. Comprendre donc : « Donner ordre à quelqu'un de prendre soin de quelque personne ou de quelque chose » (*Abrégé du Trévoux*).

Page 135.

1. *Dix pistoles* : voir *supra*, p. 116, n. 3.

Page 136.

1. L'édition de 1781 et certains éditeurs modernes (*D.-R.* ; *C.-G.*) modifient ainsi la ponctuation : « [...] de ce petit jeu-là, noute maîtresse ; Colette [...] », mais cette correction ne nous paraît pas indispensable.

Page 140.

1. *Oh! car il n'en sera rien* : les éditions modernes (sauf C.-G.) suppriment « car », mais dans son dépit Madame Argante reprend et martèle le « car » de Madame Hamelin.

2. *Madame* : s'adresse à Madame Hamelin, qui répond aussitôt.

3. *Tout à l'heure* : l'expression était synonyme de « sur l'heure » et signifiait : « immédiatement ».

Page 141.

1. Dénouement conventionnel, qui couronne la farce. André Blanc, dans son édition de *La Fête de village* de Dancourt (juillet 1700), énumère plusieurs autres pièces de Dancourt dont le dénouement est aussi la fin d'une mystification et l'heureuse conclusion d'un contrat (Dancourt, *La Fête de village, Le Vert-galant, Le Prix de l'arquebuse*, S.T.F.M., Nizet, 1989, p. 112). Dans *L'Heureux Stratagème* (1733), Marivaux avait déjà mis en scène un dénouement analogue : la Comtesse, amoureuse de Dorante et qui se croit abandonnée par lui, est conduite à signer le mariage de sa rivale la Marquise avec Dorante : elle s'évanouit après avoir signé, et revient à elle en trouvant à ses genoux Dorante qu'elle croyait infidèle. La bonne ruse du contrat de mariage est aussi au dénouement de *La Paysanne parvenue*, roman de Charles de Fieux de Mouhy (1735-1737).

2. Araminte est plus âgée que la Marquise des *Sincères*, mais, tout comme elle, elle tient à ce qu'on ne la fasse pas plus vieille qu'elle n'est (voir *Les Sincères*, scène IV, *supra*, p. 47).

Page 142.

1. *Nous nous régalions* : se régaler, c'est s'offrir un régal, « on dit figurément *c'est un régal pour moi, je me fais un régal de le voir*, pour dire : c'est un grand plaisir pour moi. Il est familier » (*Académie*).

Les Acteurs de bonne foi

2. *Parade*: le mot a encore ici le sens signalé *supra* (p. 131, n. 2), et non le sens atténué indiqué par Littré avec des exemples de Voltaire et de Diderot : « mauvaise pièce de théâtre ».

3. *Friandise*: et non « franchise », texte des éditions à partir de 1758, y compris *D.-R.* et *C.-G.* (mais non Jean Goldzink, qui a le texte exact). Cette friandise est un baiser, mais Blaise, héritier en ce point d'Arlequin, confond amour et gloutonnerie (voir *Le Jeu de l'amour et du hasard*, II, 3).

RÉSUMÉS

LES SINCÈRES

Lisette, suivante de la Marquise, et Frontin, valet d'Ergaste, décident de briser l'entente de leurs maîtres, maniaques de sincérité. Ergaste avoue à Araminte qu'il aurait pu l'aimer, mais qu'il lui préfère la Marquise à cause de sa sincérité. La Marquise vient se plaindre à Ergaste d'« originaux » qui tous manquent de sincérité, et l'un et l'autre se félicitent réciproquement d'être sincères. Lisette et Frontin, dans une vive discussion dont ils sont convenus, déprécient, elle, Ergaste, lui, la Marquise, et suscitent la colère d'Araminte et de Dorante ; Ergaste, attiré par les éclats de voix, donne raison, par sincérité, à Frontin. La Marquise, en tête à tête avec Dorante, lui reproche l'emphase de ses déclarations d'amour, puis, en tête à tête avec Ergaste, s'irrite de sa sincérité blessante, irritation que redouble Lisette en lui rapportant les propos de Frontin. Après quelques aigres répliques, la rupture entre Ergaste et la Marquise est consommée, Ergaste revient à Araminte, et la Marquise à Dorante. À l'arrivée du notaire, les mariages sont annoncés dans la joie générale.

LES ACTEURS DE BONNE FOI

Madame Hamelin va marier son neveu Éraste à Angélique, fille de Madame Argante. Elle veut honorer Madame Argante par une comédie dont Merlin sera l'auteur : Merlin commence la répétition de son impromptu, où Colette (fiancée à Blaise) jouera le rôle d'amoureuse de Merlin lui-même (fiancé à Lisette). Mais Blaise et Lisette ne supportent pas d'être ainsi joués, et la répétition s'interrompt dans des cris qui attirent Madame Argante. Celle-ci déteste la comédie et la fait cesser. Madame Hamelin, pour se venger, veut qu'elle joue, elle aussi, la comédie, et déclare qu'il n'est plus question de marier Angélique et Éraste et qu'Éraste épousera la riche veuve Araminte. Madame Argante aussitôt réclame qu'on joue la comédie et prétend même y tenir un rôle. Mais Blaise et Lisette s'y refusent, Angélique est désespérée, Éraste indigné refuse énergiquement un mariage avec Araminte. Le notaire venu faire signer le contrat remarque qu'il est au nom d'Éraste et d'Angélique. Tout finit bien.

Préface d'Henri Coulet	7
Note sur cette édition	24
LES SINCÈRES	27
LES ACTEURS DE BONNE FOI	93

DOSSIER

Chronologie	145
Notice	153
Les Sincères *et* Les Acteurs de bonne foi *à la scène et devant la critique*	155
Éléments de bibliographie	162
Notes	169
Résumés	190

DU MÊME AUTEUR

Dans la même collection

LE JEU DE L'AMOUR ET DU HASARD. *Préface de Catherine Naugrette-Christophe. Édition établie et annotée par Jean-Paul Sermain.*

LE TRIOMPHE DE L'AMOUR. *Édition présentée et établie par Henri Coulet.*

LES FAUSSES CONFIDENCES. *Édition présentée et établie par Michel Gilot.*

LA DOUBLE INCONSTANCE. *Édition présentée et établie par Françoise Rubellin.*

L'ÉPREUVE. *Édition présentée et établie par Henri Coulet.*

LA SURPRISE DE L'AMOUR — LA SECONDE SURPRISE DE L'AMOUR. *Édition présentée et établie par Henri Coulet.*

Dans la collection Folio classique

LE PAYSAN PARVENU. *Édition présentée et établie par Henri Coulet.*

LA VIE DE MARIANNE. *Édition présentée et établie par Jean Dagen.*

L'ÎLE DES ESCLAVES. *Édition présentée et établie par Henri Coulet.*

COLLECTION FOLIO THÉÂTRE

1. Pierre CORNEILLE : *Le Cid.* Édition présentée et établie par Jean Serroy.
2. Jules ROMAINS : *Knock.* Édition présentée et établie par Annie Angremy.
3. MOLIÈRE : *L'Avare.* Édition présentée et établie par Jacques Chupeau.
4. Eugène IONESCO : *La Cantatrice chauve.* Édition présentée et établie par Emmanuel Jacquart.
5. Nathalie SARRAUTE : *Le Silence.* Édition présentée et établie par Arnaud Rykner.
6. Albert CAMUS : *Caligula.* Édition présentée et établie par Pierre-Louis Rey.
7. Paul CLAUDEL : *L'Annonce faite à Marie.* Édition présentée et établie par Michel Autrand.
8. William SHAKESPEARE : *Le Roi Lear.* Édition de Gisèle Venet. Traduction nouvelle de Jean-Michel Déprats.
9. MARIVAUX : *Le Jeu de l'amour et du hasard.* Préface de Catherine Naugrette-Christophe. Édition de Jean-Paul Sermain.
10. Pierre CORNEILLE : *Cinna.* Édition présentée et établie par Georges Forestier.
11. Eugène IONESCO : *La Leçon.* Édition présentée et établie par Emmanuel Jacquart.
12. Alfred de MUSSET : *On ne badine pas avec l'amour.* Édition présentée et établie par Simon Jeune.
13. Jean RACINE : *Andromaque.* Préface de Raymond Picard. Édition de Jean-Pierre Collinet.
14. Jean COCTEAU : *Les Parents terribles.* Édition présentée et établie par Jean Touzot.
15. Jean RACINE : *Bérénice.* Édition présentée et établie par Richard Parish.

16. Pierre CORNEILLE : *Horace*. Édition présentée et établie par Jean-Pierre Chauveau.
17. Paul CLAUDEL : *Partage de Midi*. Édition présentée et établie par Gérald Antoine.
18. Albert CAMUS : *Le Malentendu*. Édition présentée et établie par Pierre-Louis Rey.
19. William SHAKESPEARE : *Jules César*. Préface et traduction d'Yves Bonnefoy.
20. Victor HUGO : *Hernani*. Édition présentée et établie par Yves Gohin.
21. Ivan TOURGUÉNIEV : *Un mois à la campagne*. Édition de Françoise Flamant. Traduction de Denis Roche.
22. Eugène LABICHE : *Brûlons Voltaire!* précédé de *Un monsieur qui a brûlé une dame, La Dame aux jambes d'azur, L'Amour, un fort volume, prix 3 F 50 C, La Main leste, Le Cachemire X. B. T.* Édition présentée et établie par Olivier Barrot et Raymond Chirat.
23. Jean RACINE : *Phèdre*. Édition présentée et établie par Christian Delmas et Georges Forestier.
24. Jean RACINE : *Bajazet*. Édition présentée et établie par Christian Delmas.
25. Jean RACINE : *Britannicus*. Édition présentée et établie par Georges Forestier.
26. GOETHE : *Faust*. Préface de Claude David. Traduction nouvelle de Jean Amsler. Notes de Pierre Grappin.
27. William SHAKESPEARE : *Tout est bien qui finit bien*. Édition de Gisèle Venet. Traduction nouvelle de Jean-Michel Déprats et Jean-Pierre Vincent.
28. MOLIÈRE : *Le Misanthrope*. Édition présentée et établie par Jacques Chupeau.
29. BEAUMARCHAIS : *Le Barbier de Séville*. Édition présentée et établie par Françoise Bagot et Michel Kail.
30. BEAUMARCHAIS : *Le Mariage de Figaro*. Édition présentée et établie par Françoise Bagot et Michel Kail.

31. Richard WAGNER : *Tristan et Isolde*. Préface de Pierre Boulez. Traduction nouvelle d'André Miquel. Édition bilingue.
32. Eugène IONESCO : *Les Chaises*. Édition présentée et établie par Michel Lioure.
33. William SHAKESPEARE : *Le Conte d'hiver*. Préface et traduction d'Yves Bonnefoy.
34. Pierre CORNEILLE : *Polyeucte*. Édition présentée et établie par Patrick Dandrey.
35. Jacques AUDIBERTI : *Le mal court*. Édition présentée et établie par Jeanyves Guérin.
36. Pedro CALDERÓN DE LA BARCA : *La vie est un songe*. Traduction nouvelle et notes de Lucien Dupuis. Préface et dossier de Marc Vitse.
37. Victor HUGO : *Ruy Blas*. Édition présentée et établie par Patrick Berthier.
38. MOLIÈRE : *Le Tartuffe*. Édition présentée et établie par Jean Serroy.
39. MARIVAUX : *Les Fausses Confidences*. Édition présentée et établie par Michel Gilot.
40. Hugo von HOFMANNSTHAL : *Le Chevalier à la rose*. Édition de Jacques Le Rider. Traduction de Jacqueline Verdeaux.
41. Paul CLAUDEL : *Le Soulier de satin*. Édition présentée et établie par Michel Autrand.
42. Eugène IONESCO : *Le Roi se meurt*. Édition présentée et établie par Gilles Ernst.
43. William SHAKESPEARE : *La Tempête*. Préface et traduction nouvelle d'Yves Bonnefoy. Édition bilingue.
44. William SHAKESPEARE : *Richard II*. Édition de Margaret Jones-Davies. Traduction nouvelle de Jean-Michel Déprats. Édition bilingue.
45. MOLIÈRE : *Les Précieuses ridicules*. Édition présentée et établie par Jacques Chupeau.

46. MARIVAUX : *Le Triomphe de l'amour*. Édition présentée et établie par Henri Coulet.
47. MOLIÈRE : *Dom Juan*. Édition présentée et établie par Georges Couton.
48. MOLIÈRE : *Le Bourgeois gentilhomme*. Édition présentée et établie par Jean Serroy.
49. Luigi PIRANDELLO : *Henri IV*. Édition de Robert Abirached. Traduction de Michel Arnaud.
50. Jean COCTEAU : *Bacchus*. Édition présentée et établie par Jean Touzot.
51. John FORD : *Dommage que ce soit une putain*. Édition de Gisèle Venet. Traduction nouvelle de Jean-Michel Déprats.
52. Albert CAMUS : *L'État de siège*. Édition présentée et établie par Pierre-Louis Rey.
53. Eugène IONESCO : *Rhinocéros*. Édition présentée et établie par Emmanuel Jacquart.
54. Jean RACINE : *Iphigénie*. Édition présentée et établie par Georges Forestier.
55. Jean GENET : *Les Bonnes*. Édition présentée et établie par Michel Corvin.
56. Jean RACINE : *Mithridate*. Édition présentée et établie par Georges Forestier.
57. Jean RACINE : *Athalie*. Édition présentée et établie par Georges Forestier.
58. Pierre CORNEILLE : *Suréna*. Édition présentée et établie par Jean-Pierre Chauveau.
59. William SHAKESPEARE : *Henry V*. Édition de Gisèle Venet. Traduction nouvelle de Jean-Michel Déprats. Édition bilingue.
60. Nathalie SARRAUTE : *Pour un oui ou pour un non*. Édition présentée et établie par Arnaud Rykner.
61. William SHAKESPEARE : *Antoine et Cléopâtre*. Préface et traduction nouvelle d'Yves Bonnefoy. Édition bilingue.

62. Roger VITRAC : *Victor ou les enfants au pouvoir*. Édition présentée et établie par Marie-Claude Hubert.
63. Nathalie SARRAUTE : *C'est beau*. Édition présentée et établie par Arnaud Rykner.
64. Pierre CORNEILLE *Le Menteur. La Suite du Menteur*. Édition présentée et établie par Jean Serroy.
65. MARIVAUX : *La Double Inconstance*. Édition présentée et établie par Françoise Rubellin.
66. Nathalie SARRAUTE : *Elle est là*. Édition présentée et établie par Arnaud Rykner.
67. Oscar WILDE : *L'Éventail de Lady Windermere*. Édition de Gisèle Venet. Traduction de Jean-Michel Déprats.
68. Eugène IONESCO : *Victimes du devoir*. Édition présentée et établie par Gilles Ernst.
69. Jean GENET : *Les Paravents*. Édition présentée et établie par Michel Corvin.
70. William SHAKESPEARE : *Othello*. Préface et traduction nouvelle d'Yves Bonnefoy. Édition bilingue.
71. Georges FEYDEAU : *Le Dindon*. Édition présentée et établie par Robert Abirached.
72. Alfred de VIGNY : *Chatterton*. Édition présentée et établie par Pierre-Louis Rey.
73. Alfred de MUSSET : *Les Caprices de Marianne*. Édition présentée et établie par Frank Lestringant.
74. Jean GENET : *Le Balcon*. Édition présentée et établie par Michel Corvin.
75. Alexandre DUMAS : *Antony*. Édition présentée et établie par Pierre-Louis Rey.
76. MOLIÈRE : *L'Étourdi*. Édition présentée et établie par Patrick Dandrey.
77. Arthur ADAMOV : *La Parodie*. Édition présentée et établie par Marie-Claude Hubert.
78. Eugène LABICHE : *Le Voyage de Monsieur Perrichon*. Édition présentée et établie par Bernard Masson.

79. Michel de GHELDERODE : *La Balade du Grand Macabre*. Préface de Guy Goffette. Édition de Jacqueline Blancart-Cassou.
80. Alain-René LESAGE : *Turcaret*. Édition présentée et établie par Pierre Frantz.
81. William SHAKESPEARE : *Le Songe d'une nuit d'été*. Édition de Gisèle Venet. Traduction de Jean-Michel Déprats. Édition bilingue.
82. Eugène IONESCO : *Tueur sans gages*. Édition présentée et établie par Gilles Ernst.
83. MARIVAUX : *L'Épreuve*. Édition présentée et établie par Henri Coulet.
84. Alfred de MUSSET : *Fantasio*. Édition présentée et établie par Frank Lestringant.
85. Friedrich von SCHILLER : *Don Carlos*. Édition de Jean-Louis Backès. Traduction de Xavier Marmier, revue par Jean-Louis Backès.
86. William SHAKESPEARE : *Hamlet*. Édition de Gisèle Venet. Traduction de Jean-Michel Déprats. Édition bilingue.
87. Roland DUBILLARD : *Naïves hirondelles*. Édition présentée et établie par Michel Corvin.
88. Édouard BOURDET : *Vient de paraître*. Édition présentée et établie par Olivier Barrot et Raymond Chirat.
89. Pierre CORNEILLE : *Rodogune*. Édition présentée et établie par Jean Serroy.
90. MOLIÈRE : *Sganarelle*. Édition présentée et établie par Patrick Dandrey.
91. Michel de GHELDERODE : *Escurial* suivi de *Hop signor!* Édition présentée et établie par Jacqueline Blancart-Cassou.
92. MOLIÈRE : *Les Fâcheux*. Édition présentée et établie par Jean Serroy.
93. Paul CLAUDEL : *Le Livre de Christophe Colomb*. Édition présentée et établie par Michel Lioure.

94. Jean GENET : *Les Nègres*. Édition présentée et établie par Michel Corvin.
95. Nathalie SARRAUTE : *Le Mensonge*. Édition présentée et établie par Arnaud Rykner.
96. Paul CLAUDEL : *Tête d'Or*. Édition présentée et établie par Michel Lioure.
97. MARIVAUX : *La Surprise de l'amour* suivi de *La Seconde Surprise de l'amour*. Édition présentée et établie par Henri Coulet.
98. Jean GENET : *Haute surveillance*. Édition présentée et établie par Michel Corvin.
99. LESSING : *Nathan le Sage*. Édition et traduction nouvelle de Dominique Lurcel.
100. Henry de MONTHERLANT : *La Reine morte*. Édition présentée et établie par Marie-Claude Hubert.
101. Pierre CORNEILLE : *La Place Royale*. Édition présentée et établie par Jean Serroy.
102. Luigi PIRANDELLO : *Chacun à sa manière*. Édition de Mario Fusco. Traduction de Michel Arnaud.
103. Jean RACINE : *Les Plaideurs*. Édition présentée et établie par Georges Forestier.
104. Jean RACINE : *Esther*. Édition présentée et établie par Georges Forestier.
105. Jean ANOUILH : *Le Voyageur sans bagage*. Édition présentée et établie par Bernard Beugnot.
106. Robert GARNIER : *Les Juives*. Édition présentée et établie par Michel Jeanneret.
107. Alexandre OSTROVSKI : *L'Orage*. Édition et traduction nouvelle de Françoise Flamant.
108. Nathalie SARRAUTE : *Isma*. Édition présentée et établie par Arnaud Rykner.
109. Victor HUGO : *Lucrèce Borgia*. Édition présentée et établie par Clélia Anfray.

110. Jean ANOUILH : *La Sauvage*. Édition présentée et établie par Bernard Beugnot.
111. Albert CAMUS : *Les Justes*. Édition présentée et établie par Pierre-Louis Rey.
112. Alfred de MUSSET : *Lorenzaccio*. Édition présentée et établie par Betrand Marchal.

Composition Nord Compo.
Impression Bussière
à Saint-Amand (Cher), le 25 juillet 2008.
Dépôt légal : juillet 2008.
Numéro d'imprimeur : 082130/1.
ISBN 978-2-07-033926-6./Imprimé en France.

144489